Andrea Erkert

Das Tischspiele-Buch

Vielfältige Spielideen rund um den Tisch:
würfeln, raten, zählen, buchstabieren,
fühlen, bewegen und gestalten

Illustrationen von Simone Pahl

Ökotopia Verlag, Münster

Impressum

Autorin Andrea Erkert
Illustrationen Simone Pahl
Satz Hain-Team, Bad Zwischenahn
ISBN 978-3-86702-135-7

1. Auflage
© 2011 Ökotopia Verlag, Münster

Inhalt

Einleitung 4

Fühlschachtel & Wimmelrätsel
16 Spiele zur Förderung der Sinne 6

Silbenspiel & Buchstabensuppe
18 Spiele rund um Sprache und Schrift 17

Farbwürfel & Zahlenzauber
17 Spiele mit Zahlen, Mengen, Formen und Farben 28

Klettertisch & Laufparcours
17 bewegte Spiele zur Förderung der Grobmotorik 43

Tischtrommel & Notenpuzzle
16 Spiele zum Musizieren, Lauschen und Tanzen 54

Löffel-Balance & Stapel-Geschick
17 Spiele zur Förderung der Feinmotorik 68

Muschelbild & Sandskulptur
18 Spiele zur Förderung der Kreativität und Fantasie 79

Anhang
  Register 91
  Literatur 93
  Die Autorin 94
  Die Illustratorin 94

Einleitung

Tischspiele sind überaus beliebt, ein schöner Zeitvertreib und fördern vor allem die Entwicklung der Kinder. Außerdem sind sie vielfältig einsetzbar: in der Einrichtung, zu Hause, im Garten, auf Urlaubsreisen …

Tischspiele machen nicht nur Riesenspaß, sondern sind spannend und interessant zugleich. Viele Tischspiel-Begeisterte greifen gerne auch auf klassische Familienspiele wie „Mensch ärgere dich nicht", „Fang den Hut" oder „Memory" zurück, die sie bestens aus ihrer Kindheit kennen, die der Unterhaltung der ganzen Familie dienen und so ganz nebenbei die unterschiedlichsten Lernerfahrungen ermöglichen.

Im Spiel lernen die Kinder u. a. Reihenfolgen einzuhalten, Regeln zu befolgen, Zusammenhänge zu entdecken, einen gesunden Ehrgeiz zu entwickeln und nicht zuletzt Enttäuschungen und Misserfolge auszuhalten.

Tischspiele sind pädagogisch überaus wertvoll und längst ein fester Bestandteil von Kitas und Schulen. So lag es fast schon auf der Hand, ein handliches und praktisches Buch zum Nachschlagen mit vielen neuen Tischspielen zu schreiben, die **in der Kita, in der Schule, in der Familie oder in Freizeitgruppen** relativ schnell und einfach umgesetzt werden können. Dabei werden nur solche Materialien verwendet, die es ohnehin im Haushalt, in der freien Natur oder in der Einrichtung bereits gibt.

Zudem werden die Tischspiele i. d. R. mit max. acht Kindern durchgeführt, da die Plätze um den Tisch herum ohnehin begrenzt sind. Das hat den Vorteil, dass sich alle Kinder rasch in das Spielgeschehen einbringen, den Spielverlauf gut beobachten und sich nach Bedarf gegenseitig unterstützen können. Die Tischspiele sind **für Vor- und Grundschulkinder zwischen 4 und 8 Jahren** gedacht und können z. T. auch allein und **ohne große Vorbereitungen** durchgeführt werden. Darüber hinaus wurden die Tischspiele nach unterschiedlichen Themen und Förderschwerpunkten zusammengestellt. Auf diese Weise findet sich rasch das, was gerade in der Praxis gebraucht wird.

Im **ersten Kapitel** gibt es zahlreiche **Tischspiele zum Hören, Sehen, Tasten, Riechen und Schmecken.** Die Kinder schulen als Detektive ihren Sehsinn, üben Geräusche zu unterscheiden und basteln Fühlschachteln, in denen es so manche kleine Kostbarkeit und vielleicht auch Köstlichkeit zu entdecken gibt. So wird die Wahrnehmung gefördert und die Konzentration gesteigert.

Im **zweiten Kapitel** dreht sich alles um das Thema „Sprache und Schrift", bei dem die Kinder z. B. durch Bildkarten zum Sprechen angeregt werden. Die **Tischspiele zur Sprachförderung** wecken die phonologische Bewusstheit, fördern den Satzbau und die Grammatik, erweitern den Wortschatz und ermöglichen erste schriftsprachliche Erfahrungen.

Einleitung

Das **dritte Kapitel** widmet sich den **Zahlen, Farben und Formen.** Dabei kommen neben Augen- und Farbwürfeln z. B. Zahlenkarten und Formen-Spielpläne zum Einsatz. Spielerisch lernen die Kinder den Zahlenraum von Eins bis Zwölf kennen, Zahlen und Mengen erfassen, Farben und Formen unterscheiden und vieles mehr.

Dass der Tisch durchaus zum Mittelpunkt des Spielgeschehens werden kann, zeigt das **vierte Kapitel.** Hier werden **Bewegungsspiele auf, unter, vor oder hinter dem Tisch** vorgestellt. Im Gegensatz zu den anderen Tischspielen, bei denen feinmotorische und kognitive Fähigkeiten dominieren, sind hier grobmotorische Fähigkeiten gefragt. Die Kinder kommen in Bewegung, lachen, schwitzen, hüpfen, laufen, klettern, verstecken sich und versuchen, die ihnen gestellte Aufgabe entweder alleine oder mit vereinten Kräften zu bewältigen.

Im **fünften Kapitel** werden **Tischspiele zum Lauschen und Musizieren** aufgeführt. Dabei kann auch der Tisch selbst als Instrument eingesetzt werden. Es wird z. B. auf dem Tisch getrommelt, ein Geräusch der richtigen Bildkarte zugeordnet oder das Notenblatt eines Kinderlieds als Spielplan benutzt. Auf diese Weise werden die akustische Aufmerksamkeit, das Rhythmusgefühl und das Musikerleben geschult.

Das **sechste Kapitel** enthält **Tischspiele für das Reaktionsvermögen und die Geschicklichkeit.** Hier werden Perlenspiele, Puste-Parcours, Stapelspiele u. v. m. vorgestellt. Beim Spielen sind Geduld und Konzentration gefordert, gleichzeitig werden Finger- und Handmotorik gefördert und manchmal sogar Mundmotorik und Atmung verbessert. Die einfachen Spielregeln und der interessante Spielverlauf ermöglichen, dass alle Kinder sich schnell für die Spiele begeistern lassen.

Im **siebten Kapitel** werden Kreativität und Fantasie großgeschrieben. Es kommen vielseitige Angebote zum Einsatz, bei denen sich die Kinder allein oder in der Kleingruppe künstlerisch betätigen können. Ein besonderer Schwerpunkt dieses Kapitels sind Spiele für Sand- und Wassertische, die auf Kinder eine große Faszination ausüben und sich für spannende Aktionen nutzen lassen.

Und jetzt wünsche ich allen, die gerne am und mit dem Tisch spielen wollen, viel Spaß und Freude mit den zahlreichen Spielideen.

Ihre

Andrea Erkert

Fühlschachtel & Wimmelrätsel
16 Spiele zur Förderung der Sinne

Kinder erleben und begreifen ihre Umwelt – wie Erwachsene – durch den Einsatz ihrer Sinne. Sie sehen und verstehen, hören und erahnen, greifen und begreifen, riechen und probieren. Die Sinne liefern wichtige Erkenntnisse, die sie im Alltag gut nutzen können. Unabhängig davon können die Sinne unterschiedlich ausgeprägt sein. Damit sich jedoch alle Sinne gut ausbilden, werden vielfältige Erlebnisse und Erfahrungen aus erster Hand benötigt, die die einzelnen Sinne stimulieren.

Spiele zur Sinnesförderung sprechen jeden Sinn gezielt an. Sie laden zum intensiven Wahrnehmen ein und tragen dazu bei, dass die Kinder ihre Sinne ganz bewusst kennen- und schätzen lernen. Im Spiel üben sie ihren Blick für Unscheinbares zu öffnen, selbst bei zarten und leisen Tönen ganz Ohr zu sein, Tastempfindungen zu beschreiben, aber auch Gerüche und Düfte bewusst wahrzunehmen.

Zudem bieten die Sinnesspiele einen hervorragenden Ausgleich zu unserer schnelllebigen Zeit. Sie fördern Ruhe und Entspannung und bewirken, dass die Kinder sich viel besser auf sich selbst und eine Sache einlassen können.

Auf die Hände, fertig, los!

Alter: ab 5 Jahren
Material: verschiedenfarbige Wolle
Anzahl: ab 4 Kindern

Jedes Kind schneidet sich ein Stück Wollfaden in einer anderen Farbe ab und lässt sich den Faden um sein Handgelenk binden.
Die Kinder sitzen um den Tisch herum. Ein Kind wird zum Fänger ernannt, alle anderen Kinder legen ihre Hand mit dem Wollfaden in die Tischmitte. Die Spielleitung nennt die Farbe eines Wollfadens und das Fänger-Kind versucht so schnell wie möglich die Hand des betreffenden Kindes zu berühren. Das versucht das Kind zu verhindern, indem

es rasch seine Hand vom Tisch zieht. Gelingt es dem Fänger nicht, die Hand zu erwischen, nennt die Spielleitung eine neue Farbe und der Fänger ist wieder dran. Auf diese Weise wird das Spiel so lange weitergeführt, bis das Fänger-Kind eine Hand erwischt hat. Erst dann übergibt es seine Rolle an das Kind, dessen Hand es gefangen hat. Ruft die Spielleitung jedoch: „Auf die Hände, fertig, los!", darf das Fänger-Kind eine beliebige Hand abschlagen, während alle Kinder am Tisch so schnell wie möglich ihre Hände wegziehen.

Variante für ältere Kinder

Der Fänger wechselt nach jeder Runde im Uhrzeigersinn. Es scheiden alle Kinder aus, deren Hand erwischt wurde – auch wenn sie ihre Hand vom Tisch ziehen, obwohl ihre Farbe gar nicht genannt wurde! Ebenso scheidet ein Fänger aus, der eine falsche Farbe abschlägt! Wer bleibt bis zum Schluss über?

Detektiv Blitzmerker

Wer wird Detektiv Blitzmerker? Hier brauchen die Kinder auf jeden Fall eine gute Beobachtungsgabe, Merkfähigkeit und nicht zuletzt ein hervorragendes Reaktionsvermögen.

Alter: ab 4 Jahren
Material: Glockenspiel, 1 Schlägel pro Kind, Korb mit 20 unterschiedlichen Gegenständen (z. B. Schal, Kinderuhr, Schlüsselbund, Armreif, Buch, Sonnenbrille, Buntstift, Schere etc.)
Anzahl: ab 3 Kindern

Das Glockenspiel steht griffbereit für alle Kinder in der Tischmitte und der Korb steht gefüllt neben dem Tisch bereit. Zudem erhält jedes Kind einen Schlägel.
Die Spielleitung benennt vorab einen Gegenstand aus dem Korb. Sie holt alle Gegenstände einzeln nacheinander aus dem Korb heraus und legt sie gut sichtbar auf den Tisch. Entdeckt ein Kind beim Hervorholen den gesuchten Gegenstand in ihrer Hand, muss es schnell reagieren und mit seinem Schlägel auf eine Klangplatte des Glockenspiels schlagen. Derjenige, dem das zuerst gelingt, darf den Gegenstand behalten.
Die Spielleitung legt alle anderen Gegenstände wieder in den Korb und beginnt eine neue Spielrunde. Wurden insgesamt zwölf Gegenstände vergeben, zählen die Kinder, wer die meisten Dinge gesammelt hat und sich nun „Detektiv Blitzmerker" nennen darf.

Wo bin ich?

Alter: ab 5 Jahren
Material: 1 Wimmelbilderbuch, Filzstifte, Spielechips
Anzahl: ab 2 Kindern

Vorbereitung
Die Spielleitung kopiert eine Seite von einem Wimmelbilderbuch.

Spielablauf
Die Kinder legen die Schwarz-Weiß-Kopie in die Tischmitte und holen sich jeweils einen Filzstift in einer anderen Farbe.
Alle schließen die Augen bis auf ein Kind, das einen kleinen dicken Punkt auf die Kopie macht und fragt: *„Wo bin ich?"* Daraufhin öffnen alle Kinder ihre Augen, um möglichst schnell das Kind bzw. den aufgemalten Punkt zu entdecken. Das Kind, das die Aufgabe am schnellsten löst, erhält einen Spielechip.
Das Kind, das links neben dem Ausgangskind sitzt, startet eine neue Spielrunde mit seinem Filzstift. Erst wenn alle Kinder einen Punkt auf die Kopie zeichnen konnten, ist das Spiel aus. SiegerIn ist, wer die meisten Spielechips ergattert und somit besonders schnell die gesuchten Punkte erkannt hat.

Wer fliegt hoch?

Dieses Spiel verläuft ähnlich wie das bekannte Spiel „Alle Vögel fliegen hoch!"

Alter: ab 4 Jahren
Material: viele Tierpostkarten
Anzahl: ab 4 Kindern

Die Kinder verteilen die Postkarten so auf dem Tisch, dass die Motive verdeckt sind. Ein Kind dreht eine Karte um und macht dazu Flugbewegungen mit den Armen. Die übrigen Kinder machen die Bewegung sofort mit, wenn sie glauben, dass das Tier auf dem Bild fliegen kann. Falls sie jedoch anderer Meinung sind, bleiben sie ruhig sitzen. Kinder, die falsch reagiert haben, geben ein Pfand ab, z. B. eine Haarspange, einen Schuh etc. Danach dreht das erste Kind die Karte wieder um und bittet ein anderes Kind, das Spiel mit einer neuen Karte fortzusetzen.
Konnten alle Kinder einmal eine Karte umdrehen, werden die Pfänder wieder eingelöst, indem jedes Kind pro abgegebenem Pfand eine Karte umdreht und das abgebildete Tier pantomimisch darstellt.

Die Kuh ist weg!

Ein Pferd verlässt seine Koppel und beschließt, die Schweine im Stall nebenan zu besuchen. Der Bauer und die Bäuerin bemerken, dass das Pferd nicht mehr an seinem gewohnten Platz steht, und machen sich auf die Suche. Wer kann es am schnellsten finden und wieder auf die Koppel bringen? Kaum ist die Aufgabe erfüllt, geht die Kuh auf Wanderschaft …

Alter: ab 4 Jahren
Material: lange, dünne Stöcke o. Ä., kleine Bauernhof- oder Zootiere
Anzahl: ab 3 Kindern

Vorbereitung
Die Kinder legen mit den Stöckchen mehrere Rechtecke als Gehege auf den Tisch, in denen sie jeweils eine Tierart unterbringen:

Die Pferde stehen auf der Koppel, die Schweine im Schweinekoben, die Hühner und Enten im Freigehege usw.

Spielablauf

Die Kinder betrachten die Gehege genau. Alle drehen sich auf ihrem Platz um und halten sich die Augen zu bis auf ein Kind. Dieses nimmt z. B. eine Kuh und stellt sie zu den Hühnern in das Freigehege. Dann ruft es laut: *„Hilfe, die Kuh ist weg!"* Daraufhin drehen sich alle anderen Kinder wieder um und machen sich auf die Suche. Wer entdeckt, wo sich die Kuh jetzt befindet? Das Kind, das am schnellsten auf sie deutet, darf diese wieder auf ihren Ausgangsplatz stellen und das Spiel mit einem neuen Tier wiederholen.

Was knistert denn da?

Es knistert, blubbert oder klingt – was kann das nur sein? Wer es herausfinden möchte, muss seine Ohren spitzen und gut aufpassen.

Alter: ab 4 Jahren
Material: 2 Löffel, Papier, Wasserbecher, Strohhalme, Stein, Glas, Gabel, Spielechips
Anzahl: ab 3 Kindern

Die Kinder experimentieren am Tisch mit den Geräusch-Materialien: Sie schlagen die beiden Löffel gegeneinander, knistern mit dem Papier, blubbern mit dem Strohhalm im Wasserbecher, klopfen mit dem Stein leicht auf die Tischplatte und bringen mithilfe der Gabel das Glas zum Klingen, indem sie es behutsam anschlagen.
Alle Kinder drehen sich um und halten sich die Augen zu. Die Spielleitung macht eines der ausprobierten Geräusche und legt die Materialien in die Mitte zurück.
Die Kinder drehen sich wieder um und öffnen die Augen. Wer kann auf den Gegenstand deuten, den die Spielleitung benutzt hat? Zur Kontrolle wiederholt die Spielleitung das Geräusch. Diejenigen Kinder, die die Antwort wussten, erhalten jeweils einen Spielechip.
Nach sechs Spielrunden wird das Sieger-Kind mit den meisten Spielechips ermittelt.

Kennst du das Tiergeräusch?

Alter: ab 4 Jahren
Material: Buntstifte, Time Timer oder Eieruhr
Anzahl: ab 4 Kindern

Spielvorbereitung

Die Spielleitung kopiert die Vorlage von S. 10 und schneidet die Kärtchen aus. Die Kinder malen die Tiere in ihren natürlichen Farben aus und falten die Bilder in der Mitte, sodass die Motive nicht sichtbar sind. Alle Bilder werden in die Tischmitte gelegt.

Spielablauf

Die Spielleitung stellt den Wecker auf 5 Min. Die Kinder reichen den ersten Zettel schnell im Uhrzeigersinn herum, während alle laut bis Zehn zählen. Wer den Zettel bei *„Zehn"* in der Hand hält, faltet ihn auseinander und macht das passende Tiergeräusch vor. Wer als Erster den richtigen Tiernamen ruft, darf den Zettel behalten und einen neuen ins Rennen schicken.
Am Ende zählen alle Kinder ihre Zettel und ermitteln das Sieger-Kind, das von allen die größte Anzahl an Zetteln vor sich liegen hat.

Wo ist der Esel?

Bei dem folgenden Spiel üben die Kinder nicht nur Tierstimmen zu imitieren und diese voneinander zu unterscheiden, sondern auch das Richtungshören.

Alter: ab 4 Jahren
Material: Buntstifte, 1 Augenbinde pro Kind
Anzahl: ab 4 Kindern

Vorbereitung
Die Spielleitung kopiert die Vorlage von S. 10 und schneidet für jedes Kind eine bestimmte Karte aus, unter denen sich auch die Eselkarte befindet. Die Kinder malen die Tiere in ihren natürlichen Farben aus und legen die Karten verdeckt auf den Tisch.

Spielablauf
Alle Kinder ziehen eine Karte, die sie den anderen nicht zeigen. Sie schauen sich das Motiv an und legen die Karte verdeckt vor sich auf den Tisch.
Alle lassen sich die Augen verbinden und stellen reihum nacheinander ihre Tiergeräusche vor. Dabei sollen sie vor allem auf das laute „I-ah, i-ah!" des Esels achten. Wenn sie seinen Laut hören, deuten alle in die Richtung, in der sie den Esel vermuten. Das Kind, das den Esel spielt, deutet einfach auf sich selbst.
Haben alle Kinder ihr Tiergeräusch vorgemacht, nehmen alle ihre Augenbinden ab und schauen nach, ob sie auf das richtige Kind deuten konnten.
Wer es nicht gleich schafft, versucht sein Glück in der zweiten Spielrunde, in der sich jedes Kind eine neue Karte nimmt. Nun ist z. B. das laute Schnattern der Ente zu beachten.

Variante für ältere Kinder
Alle machen die Tiergeräusche gleichzeitig – wer hört jetzt den Esel heraus?

Fühl-Schachtel

Alter: ab 5 Jahren
Material: 3 Schuhschachteln mit Deckel, Teppichmesser, Filz, Alleskleber, 12 kleine Spielsachen (z. B. Legostein, Puzzleteil, Perle, kleiner Kieselstein etc.); evtl. 1 Obstsorte pro Kind (z. B. Apfel, Birne, Banane, Kiwi etc.)
Anzahl: 6 Kinder

Vorbereitung
Die Spielleitung schneidet mit dem Teppichmesser an den kurzen Seiten jeder Schachtel jeweils ein Fenster mit genügend Platz zum Durchgreifen für eine Kinderhand aus. Oberhalb des Fensters klebt sie jeweils ein Stück Filz davor, das als Sichtschutz vor der Öffnung lose herunterhängt.

Spielablauf
Die Spielleitung legt in jede der drei Fühlschachteln einen kleinen Gegenstand und stellt sie verschlossen auf dem Tisch bereit.
Drei Paare setzen sich jeweils einander gegenüber, greifen von beiden Seiten in ihre Schachtel und ertasten so gleichzeitig den Gegenstand darin. Sie verraten nichts und wechseln ihre Plätze, sodass jedes Paar vor einer neuen Schachtel sitzt und das Tastspiel wiederholt.

Erst wenn alle Paare den Inhalt der drei Schachteln ertasten konnten, teilen sie sich gegenseitig ihre Vermutungen mit. Zur Kontrolle nehmen sie die Deckel ab und schauen nach. Sieger sind diejenigen Paare, die alles richtig erraten haben. Anschließend beginnt eine neue Spielrunde mit drei weiteren Gegenständen.

Variante für Nase und Mund

Die Spielleitung füllt die Fühl-Schachteln mit einem Stück Obst. Ein Kind greift in eine Öffnung und ertastet das dort liegende Obst. Errät es die Sorte? Zur Kontrolle nimmt es das Obst aus der Schachtel und riecht daran. Wie wird die Frucht wohl schmecken? Eher süß oder eher säuerlich? Das Kind beschreibt den vermuteten Geschmack und verspeist das Obst. Danach wiederholt ein anderes Kind das Spiel mit einer neuen Obstsorte.

Weißt du, was gemeint ist?

Alter: ab 5 Jahren
Material: 80 Astscheiben o. Ä. zum Basteln oder Legen (Ø ca. 0,7–2 cm), schwarzer Filzstift, 12 unterschiedliche Naturmaterialien (z. B. Moos, Stein, Tannenzapfen, Stück Rinde, Eichel, Tannennadel, Vogelfeder, kleiner Stock, Grashalm, Laubblatt, Sand, Erde), 12 Karteikarten, Korken, Augenwürfel, Augenbinde; evtl. Buntstifte
Anzahl: ab 2 Kindern

Vorbereitung
Die Kinder legen die Astscheiben kreisförmig auf dem Tisch aus und beschriften jede zweite oder dritte Scheibe mit dem Filzstift mit einem Fragezeichen.
Die Spielleitung notiert auf den zwölf Karteikarten kurze Beschreibungen der einzelnen Naturmaterialien, z. B.:
„Ich bin grün und weich und bedecke karge Steine." (Moos)
„Ich komme aus dem Gebirge und bin ganz hart." (Stein)
„Du findest mich am Zweig von Tannenbäumen." (Tannenzapfen)
„Ich schütze den Baum vor dem Austrocknen und vor gefräßigen Insekten." (Rinde)
„Ich bin die Nussfrucht eines Baumes und werde von Eichhörnchen besonders gerne verspeist." (Eichel)
„Ich bin spitz, schmal und grün und du findest mich im Wald." (Tannennadel)
„Ich bilde mit vielen anderen zusammen ein schönes Vogelkleid." (Vogelfeder)
„Was steht ‚Hänschen Klein' im Lied außer dem Hut noch gut?" (Stock)
„Du kannst problemlos barfuß auf mir gehen, da ich sehr weich bin." (Gras)
„Ich gehöre zu einem Baum und falle im Herbst auf den Boden herab." (Laubblatt)
„Du kannst auf mir gehen, mit mir spielen und Burgen bauen." (Sand)
„Wenn es regnet, bin ich matschig und klebe unter deinen Schuhen." (Erde)

Die Naturmaterialien werden im Innenkreis verteilt und alle Karten als Ereigniskarten verdeckt auf einen Stapel gelegt.

Spielablauf
Eines der Kinder stellt den Korken auf eine beliebige Astscheibe und würfelt. Entsprechend der Augenzahl rückt es mit dem Korken ein oder mehrere Astscheiben im Uhrzeigersinn vor.
Steht auf dem Zielfeld ein Fragezeichen, lässt sich das Kind von der Spielleitung die Augen verbinden. Diese nimmt die oberste Karte vom Stapel und liest sie laut vor. Das Kind tastet nach den Naturmaterialien auf dem Tisch. Kann es das Material ertasten, das auf der Karte umschrieben wird? Ist es der Meinung, dieses in den Händen zu halten, benennt es das Naturmaterial und nimmt seine Augenbinde ab. Hat es die Aufgabe richtig erfüllt, bekommt es die Karte. Falls nicht, legt es die Karte unter den Stapel und das Kind links neben ihm setzt das Spiel mit würfeln fort. Erst wenn alle Karten verteilt sind, ist das Spiel beendet. Wer hat die meisten Karten gesammelt?
Hinweis: Ältere Kinder lesen sich die Karten gegenseitig vor.

Naturschätze ertasten

Alter: ab 5 Jahren
Material: 1 Stoffbeutel, 24 doppelte Naturmaterialien (z. B. 2 Muscheln, 2 Kieselsteine, 2 Tannennadeln, 2 Stückchen Rinde, 2 Pflanzenblätter etc.), jede Menge Grashalme
Anzahl: ab 2 Kindern

Die Kinder legen zwölf verschiedene Naturmaterialien in den Stoffbeutel. Die doppelten Materialien werden auf dem Tisch darum herum bereitgelegt. Wer zuerst weiß, welche Farbe der Wald hat, beginnt das Spiel.
Das betreffende Kind bekommt von seinem linken Nachbarkind ein Naturmaterial vom Tisch gereicht. Es tastet in dem Säckchen nach dem gleichen Material und holt es zur Kontrolle heraus. Stimmen beide Materia-

lien überein, bekommt das Kind einen Grashalm und legt das Material wieder in den Sack.
Danach ist das Kind rechts neben ihm an der Reihe. Wer zuerst drei Grashalme hat, gewinnt das Spiel.

Bauen, aber wie?

Alter: ab 6 Jahren
Material: 6 Bauklötze und 1 Augenbinde pro Kind, Augenwürfel
Anzahl: ab 2 Kindern

Die Kinder legen jeweils sechs Bauklötze direkt vor sich auf den Tisch. Ein Kind würfelt und alle merken sich die Augenzahl. Alle Kinder bekommen die Augen verbunden und versuchen die entsprechende Menge an Bauklötzen aufeinanderzutürmen. Wem gelingt das Bauwerk?
Zur Kontrolle nehmen alle Kinder ihre Augenbinden ab und schauen nach. Die Kinder, die die Aufgabe gut meistern konnten, sind die besten BaumeisterInnen! Wer wird in der nächsten Runde BaumeisterIn?

Süß oder sauer?

Alter: ab 4 Jahren
Material: großes Tablett, Schneidebrettchen, Messer, 1 Karotte, 1 Zitrone, 1 Grapefruit, 1 saure Gurke, 1 Rhabarberstange, 1 Banane, 1 Stück Schokolade pro Kind, Kekse, saure Fruchtgummis
Anzahl: ab 3 Kindern

Vorbereitung
Die Kinder zerkleinern das Obst und Gemüse und legen die Stückchen gemeinsam mit den anderen Köstlichkeiten auf ein großes Tablett.

Spielablauf
Die Spielleitung stellt das Tablett für alle gut sichtbar in die Tischmitte und zeigt auf ein Kind, das ein bestimmtes Nahrungsmittel beschreibt. Wer am schnellsten auf das gesuchte Lebensmittel deutet und es richtig benennt, überlegt kurz, ob es süß oder sauer schmeckt und gibt einen Tipp ab. Zur Kontrolle probieren alle ein Stückchen davon. Hat das Kind recht gehabt, darf es sich zur Belohnung ein beliebiges Nahrungsmittel aussuchen und ein Stück davon essen, bevor ein weiteres Kind ein anderes Nahrungsmittel beschreibt.

Was duftet und schmeckt?

Alter: ab 5 Jahren
Material: 24 leere Streichholzschachteln, 24 Duft-Materialien (z. B. Schnittlauch, Petersilie, Basilikum, Brunnenkresse, Zimt, Zucker, Gras, Tannennadeln, Moos, Heu, Erde, Blüten etc.), rote und grüne Klebepunkte, Spielfigur
Anzahl: ab 2 Kindern

Vorbereitung

Die Kinder verteilen die Duft-Materialien auf die Streichholzschachteln. Unter alle Schachteln, in denen sich etwas Essbares befindet, kommt jeweils ein grüner und unter alle anderen ein roter Klebepunkt.

Spielablauf

Die Kinder bilden mit den Streichholzschachteln auf dem Tisch einen engen Kreis und öffnen alle einen winzigen Spalt.
Ein Kind stellt die Spielfigur neben einer Streichholzschachtel im Innenkreis auf. Es würfelt und rückt entsprechend der Augenzahl mit der Spielfigur im Uhrzeigersinn direkt neben den Schachteln vor. Das Kind nimmt die Schachtel, neben der die Spielfigur zu stehen kommt, schließt die Augen und riecht daran. Es gibt einen Tipp ab, ob es sich um etwas Essbares handelt oder nicht.
Die Kontrolle erfolgt durch den Klebepunkt: Ist der Tipp falsch, stellt das Kind die Schachtel auf den Ausgangsplatz zurück und das nächste Kind ist an der Reihe. Stimmt die Vermutung, versucht das Kind den genauen Inhalt der Schachtel zu benennen. Es öffnet die Schachtel und überprüft, ob es richtig gelegt hat. Wenn ja, behält es die Schachtel und schließt den Schachtelkreis, indem es die anderen Schachteln zusammenrückt. Stimmt die Vermutung nicht, legt es die Schachtel zurück in den Kreis. Danach setzt sein linkes Nachbarkind das Spiel auf die gleiche Art fort, das erst endet, wenn alle Schachteln zur Seite gelegt wurden.
Hinweis: In einem Gespräch muss den Kindern verdeutlicht werden, dass es in der Natur Essbares und Giftiges gibt und sie niemals unbekannte Beeren von Sträuchern etc. essen dürfen.

Was trinkst du denn?

Alter: ab 5 Jahren
Material: 6 Fruchtsäfte, Werbeprospekte, Klebstoff, 6 Kunststoff-Wegwerfbecher mit Plastikdeckel (z. B. Cola oder „Coffee-to-go"), Augenwürfel, Spielfigur, 1 Strohhalm pro Kind, Spielechips
Anzahl: ab 3 Kindern

Vorbereitung

Die Spielleitung schneidet passend zu jedem Saft aus Prospekten eine Frucht aus, die sie unter je einen der Becher klebt, in den sie den dazugehörigen Saft füllt. Durch den Deckelverschluss ist die Farbe des Saftes nicht sichtbar.

Spielablauf

Alle Becher stehen im Kreis auf dem Tisch. Ein beliebiges Kind würfelt und geht mit einer Spielfigur entsprechend der Augenzahl neben den Bechern entlang. Es nimmt mit seinem Strohhalm einen kräftigen Schluck aus dem Becher, neben dem die Spielfigur stehen bleibt. Kann das Kind die Fruchtsaftsorte herausschmecken?

Zur Kontrolle hebt es den Becher an und schaut auf das Bild darunter. Hat es die Sorte richtig geraten, bekommt es einen Spielechip.

Sein linkes Nachbarkind setzt das Spiel fort und wandert mit derselben Spielfigur weiter im Kreis. Das Spiel ist zu Ende, sobald einer der Becher leer getrunken ist. Wer hat die meisten Chips gesammelt?

Hinweis: Damit sich ältere Kinder nicht die Reihenfolge der Becher merken, werden bei einer Eins oder einer Sechs alle Becher miteinander vertauscht.

Ich rieche was, das ihr nicht riecht ...

Alter: ab 6 Jahren
Material: 6–8 Duft-Materialien (z. B. Rosenblüte, Zitrone, Pfeffer, alter Schuh, Eukalyptusbonbon, frisches Moos etc.)
Anzahl: ab 2 Kindern

Die Duft-Materialien liegen in der Tischmitte bereit. Ein Kind sagt: *„Ich rieche was, das ihr nicht riecht, und das riecht eklig und stinkt."* Die anderen Kinder raten, was gemeint ist. Wer als Erster: *„Das ist der Schuh!"* hineinruft, ist als Nächster dran und sagt z. B.: *„Ich rieche was, das ihr nicht riecht, und das riecht frisch und sauer!"* Wer weiß wohl, dass es sich jetzt um eine Zitrone handelt? Auf diese Weise wird das Spiel so lange weitergeführt, bis alle Duft-Materialien auf dem Tisch beschrieben und erraten wurden.

Silbenspiel & Buchstabensuppe
18 Spiele rund um Sprache und Schrift

Kinder, die sich sprachlich gut ausdrücken können, haben viele Vorteile: Sie finden meist schneller Freunde, können sich im Alltag gut behaupten und über ihre Gefühle sprechen. Zudem ist eine gute Sprachkompetenz für die gesamte Persönlichkeitsentwicklung und den Selbstausdruck bedeutsam und somit auch nicht unerheblich für den schulischen Lernerfolg.

Für eine erfolgreiche Förderung der Sprachkompetenz ist es sehr wichtig, dass Alltagshandlungen sprachlich begleitet werden, indem Kinder z. B. beim Einkaufen gebeten werden, bestimmte Dinge in den Einkaufswagen zu legen. Zudem sollten Spiele und andere Angebote, die die Kinder zum Sprechen motivieren, im Alltag integriert werden. Auf diese Weise werden auch eingeleitete Fördermaßnahmen für Kinder, die z. B. Deutsch als Zweitsprache erlernen oder Defizite im Sprachbereich aufweisen, erfolgreich unterstützt.

Die folgenden Tischspiele fördern u. a. den Umgang mit Lauten, das simultane Erfassen von Silben, das aufmerksame Zuhören, das deutliche Sprechen, Reimbildung, Erkennen von Oberbegriffen, aber auch das Geschichtenerzählen. Darüber hinaus machen die Kinder erste Erfahrungen mit Buchstaben und Schrift, sodass die Vorfreude auf die Schule und die Lust auf das Lesen- und Schreibenlernen gesteigert wird. Insgesamt fordern alle Spiele auf vielfältige Weise zur Kommunikation heraus und regen zum eigenständigen Denken und Handeln an.

Wer grunzt denn da?

Bei diesem Spiel werden die Fantasie angeregt und so ganz nebenbei die korrekte Lautbildung und Lautdifferenzierung trainiert.

Alter: ab 4 Jahren
Material: Buntstifte
Anzahl: ab 3 Kindern

Vorbereitung
Die Spielleitung kopiert die Vorlage von S. 10 und schneidet die einzelnen Karten, auf denen die Tiere abgebildet sind, aus. Die Kinder malen die Tiere in ihren natürlichen Farben an.

Spielablauf
Die Kinder legen die Karten offen auf den Tisch. Ein Kind sucht sich in Gedanken ein Tier aus und macht dazu ein Tiergeräusch. Wer weiß, um welches Tier es sich handelt? Wer besonders schnell darauf deutet, sagt, wie es heißt und wiederholt das Spiel mit einem weiteren Tier. Konnte jedes Kind wenigstens ein Tier erraten, ist das Spiel beendet.

Wer kennt die Person?

Aufgrund einer Personenbeschreibung sollen alle Detektive eine Person ausfindig machen. Die Aufgabe kann jedoch nur gelingen, wenn alle aufmerksam und konzentriert zuhören!

Alter: ab 5 Jahren
Material: Kataloge, 12 weiße DIN-A5-Tonkartonbögen, Scheren, Klebstoff, 10 Muggelsteine pro Kind
Anzahl: ab 3 Kindern

Vorbereitung
Die Kinder schneiden aus Katalogen zwölf Personen aus, die von Kopf bis Fuß zu erkennen und so groß sind, dass sie auf jeweils einen Tonkartonbogen aufgeklebt werden können.

Spielablauf
Die Kinder legen alle Tonkartons mit den aufgeklebten Bildern auf den Tisch und holen sich jeweils zehn Muggelsteine.
Ein Kind beschreibt eine abgebildete Person, indem es z. B. sagt: *„Die gesuchte Person trägt eine blaue Hose, hat schwarze Haare …"* Je mehr Details das Kind nennt, desto leichter kann die Person entdeckt werden. Alle Detektive machen sich gleichzeitig auf die Suche. Wer glaubt, die Person auf einem Bild zu erkennen, deutet schnell darauf.
Konnte sich jedes Kind für ein Bild entscheiden, teilt das erste Kind die richtige Antwort mit. Wer auf ein falsches Bild zeigt, muss einen Stein in die Mitte abgeben; wer als Erster auf das richtige Bild gezeigt hat, bekommt von allen Kindern einen Stein und darf die nächste Person beschreiben.
Falls jedoch alle einen falschen Tipp abgegeben haben, setzt das erste Kind seine Personenbeschreibung so lange fort, bis irgendein Kind auf das richtige Bild zeigt. Sieger ist, wer nach drei Spielrunden die meisten Steine vor sich liegen hat.

Variante für jüngere Kinder
Das Spiel verläuft wie oben beschrieben, jedoch ohne Muggelsteine. Das Kind, das als erstes auf das richtige Bild zeigt, beschreibt eine weitere Person. Das Spiel ist aus, wenn alle Kinder wenigstens eine Person beschreiben konnten.

Was reimt sich auf …?

Reimwörter regen dazu an, die Lautstruktur der Sprache zu beachten. Aus diesem Grund sollte man mit Kindern von klein auf reimen – und das am besten so spielerisch wie möglich.

Alter: ab 4 Jahren
Material: 1 Tischglocke
Anzahl: ab 2 Kindern

Die Tischglocke steht für alle gut erreichbar auf dem Tisch. Die Spielleitung nennt ein einfaches Wort, z. B. „*Hose*". Jedes Kind sucht so schnell wie möglich ein dazu passendes Reimwort wie „*Rose*" oder „*Dose*". Aber auch Unsinns-Reimwörter wie „*Tose*" oder „*Nose*" sind bei diesem Spiel willkommen!
Fällt einem Kind etwas ein, schlägt es mit der flachen Hand rasch auf die Tischglocke und ruft sein Reimwort. Reimt sich das Wort tatsächlich auf das Ausgangswort, übernimmt das Kind die Rolle der Spielleitung und nennt einen neues Wort. Ansonsten wird die erste Spielrunde einfach so lange fortgesetzt, bis ein Kind läutet und eine richtige Antwort geben kann.

Variante

Bei diesem Spiel geht es nicht um Reime, sondern um Anlaute. Die Spielleitung nennt einen Anlaut, z. B. „*d*", und die Kinder überlegen sich so schnell wie möglich ein Wort, das mit diesem Buchstaben beginnt: „*Dachs*", „*dünn*", „*drei*" …

Detektive auf Reimsuche

Alle Detektive machen sich rasch auf die Suche nach versteckten Gegenständen, die sich auf bestimmte Wörter reimen. Das ist jedoch gar nicht so einfach, da die Zeit drängt!

Alter: ab 5 Jahren
Material: Werbeprospekte, Scheren, Klebstoff, DIN-A4-Papier, 12 Notizblätter, 12 undurchsichtige gleiche Becher, Time Timer oder Eieruhr
Anzahl: ab 2 Kindern

Vorbereitung

Die Kinder schneiden aus den Prospekten z. B. ein Päckchen Butter, einen Schuh, eine Dose, eine Kanne etc. aus. Jedes Bild kleben sie auf ein Stück Papier, schneiden es wieder aus und legen es unter einen der Becher.
Die Spielleitung schreibt zu jedem Bild ein passendes Reimwort auf einen Notizzettel, z. B. „*Mutter*" zu „*Butter*", „*Hose*" zu „*Dose*", „*Wanne*" zu „*Kanne*" etc. Sie legt alle Zettel verdeckt auf einem Stapel bereit.

Spielablauf

Die Spielleitung stellt den Wecker auf 12 Min. Sie nimmt den obersten Zettel vom Stapel und liest laut vor, was darauf steht. Die Kinder spielen Detektive, die sich gleich auf die Suche nach dem passenden Reim-Bild machen. Alle Kinder spielen zusammen und schauen nacheinander unter die einzelnen Becher, bis sie glauben, das gesuchte Bild gefunden zu haben.
Reimt sich das Wort von dem Zettel mit der Bezeichnung des abgebildeten Gegenstands? Falls ja, legt die Spielleitung den Becher mit dem Bild zur Seite und nimmt den nächsten

Zettel vom Stapel. Ansonsten legen die Kinder das Bild wieder unter den Becher und suchen weiter. Das Spiel ist beendet, wenn die Zeit abgelaufen ist oder kein Becher mehr auf dem Tisch liegt.

Wer weiß den Oberbegriff?

Alter: ab 6 Jahren
Material: weißer DIN-A3-Tonkartonbogen, Werbeprospekte, Klebstoff, Schere, Spielfigur, Spielechips o. Ä.
Anzahl: 2–4 Kinderpaare

Vorbereitung
Die Kinder schneiden aus Werbeprospekten 24 Gegenstände aus (z. B. Apfel, Jeans, Puppe etc.), die sie ausgehend vom unteren rechten Rand des Tonkartons schlangenförmig und möglichst nah aneinander zu einem Spielplan auf das Tonpapier kleben.

Spielablauf
Die Kinder bilden Paare und setzen sich direkt nebeneinander an den Tisch um den Spielplan herum.
Das Paar mit dem jüngsten Kind beginnt und setzt die Spielfigur auf das erste Bild. Die Kinder benennen, was auf dem Bild zu sehen ist, z. B. *„Apfel"*. Kennt das Paar den dazu passenden Oberbegriff *„Obst"*? Falls ja, erhält es einen Spielechip, darf die Figur auf das nächste Bild setzen und noch einmal raten. Ansonsten sind die nächsten beiden Kinder links neben ihnen dran.
Das Spiel ist beendet, wenn die Spielfigur auf dem letzten Bild steht und alle Paare ihre Spielechips zählen. Welches Paar hat die meisten Oberbegriffe gefunden?

Weitere Beispiele für Oberbegriffe:
- Obst (Äpfel, Birnen, Bananen …)
- Gemüse (Karotten, Kohlrabi, Blumenkohl …)
- Süßigkeiten (Bonbons, Schokolade, Gummibärchen …)
- Kleidung (Jeans, Rock, Schuhe …)
- Spielzeug (Puppe, Teddybär, Lego …)
- Geschirr (Teller, Tasse, Löffel …)

Messer, Gabel, Löffel

Alter: ab 5 Jahren
Material: 5 Gegenstände pro Kind aus den Bereichen „Geschirr", „Spielzeug", „Werkzeug", „Schreibzeug" und „Kleidung"
Anzahl: ab 3 Kindern

Die Spielleitung legt auf dem Tisch alle Gegenstände bereit. Sie fragt die Kinder z. B.: *„Welche Dinge gehören zum Geschirr?"* Daraufhin nimmt ein Kind z. B. eine Tasse vom Tisch und benennt diese. Sind alle mit der Wahl einverstanden, wird das Spiel im Uhrzeigersinn weitergeführt, indem sich das nächste Kind z. B. für einen Teller entscheidet.
Konnten alle Kinder einen passenden Gegenstand finden und diesen richtig benennen, ist die erste Spielrunde beendet.
Alle Kinder legen ihre Gegenstände zurück und die Spielleitung nennt einen neuen Oberbegriff.

Anlaut-Paare

Wer weiß, wie die Dinge heißen? Und wie lautet der Anfangsbuchstabe von dem einen oder anderen Wort? Handelt es sich um den gleichen?

Alter: ab 5 Jahren
Material: 24 undurchsichtige gleiche Becher, 24 kleine Gegenstände, von denen je zwei mit dem gleichen Anlaut beginnen
Anzahl: ab 2 Kindern

Die Kinder legen unter jeden Becher einen kleinen Gegenstand.
Das Kind, das zuerst zwei Wörter mit dem gleichen Anlaut benennt, beginnt das Spiel und dreht einen Becher um, unter dem sich z. B. ein *Stein* befindet. Es benennt den Gegenstand und dreht einen weiteren Becher um, unter dem z. B. ein Stück *Stoff* liegt. Sind sich alle Kinder einig, dass es sich bei den beiden Gegenständen um zwei Wörter mit demselben Anlaut handelt, erhält das Kind die beiden Becher mit den Sachen und setzt das Spiel mit den übrigen Bechern fort. Ansonsten drehen die anderen Kinder im Uhrzeigersinn der Reihe nach so lange weitere Becher um, bis sie einen Gegenstand mit dem gleichen Anlaut finden. Das Kind, das den Gegenstand gefunden hat, nimmt beide Dinge mit den Bechern aus dem Spiel und dreht alle übrigen Becher wieder um, sodass die restlichen Dinge verdeckt sind.
Das Spiel ist aus, wenn alle Paare gefunden wurden. Wer hat die meisten Anlaut-Paare gesammelt?

Variante für ältere Kinder

Die Kinder spielen nach den klassischen Memory-Regeln: Das erste Kind deckt zwei Becher auf und schaut nach, ob sich darunter zwei Dinge mit dem gleichen Anlaut befinden. Falls ja, darf es die Dinge behalten und die Becher aus dem Spiel nehmen. Danach darf es noch einmal zwei Becher umdrehen. Handelt es sich um zwei Dinge, die unterschiedliche Anlaute haben, stülpt es die Becher wieder über die Gegenstände und das nächste Kind ist an der Reihe.

A, e, i, o, u: Hör genau mir zu!

Alter: ab 6 Jahren
Material: weißer DIN-A3-Tonkartonbogen, Werbeprospekte, Scheren, Klebstoff
Anzahl: ab 4 Kindern

Vorbereitung
Die Kinder schneiden aus Prospekten Gegenstände aus, die sie auf den Tonkarton kleben.

Spielablauf
Die Spielleitung legt den Tonkarton in die Tischmitte. Ein Kind zeigt mit dem Finger auf ein Bild, das Kind links neben ihm nennt den Begriff, das nächste Kind nennt einen beliebigen Selbstlaut wie *a, e, i, o* oder *u* und das vierte Kind in der Reihe sagt, ob der Selbstlaut in dem Wort enthalten ist und betont ihn ggf. beim Aussprechen.
In der nächsten Runde beginnt das Kind, das vorher als zweites den Begriff benannt hat, mit dem Zeigen auf ein Bild usw. Sobald alle Bilder benutzt wurden, ist das Spiel beendet.

Wie viele Silben kannst du zählen?

Alter: ab 5 Jahren
Material: Werbeprospekte, Scheren, Klebstoff, 24 DIN-A7-Karteikarten

Vorbereitung
Die Kinder schneiden aus Werbeprospekten 24 Gegenstände aus, die sie auf die Karteikarten kleben.

Spielablauf
Die Kinder bilden zwei gleich große Kartenstapel, die sie direkt nebeneinander verdeckt auf den Tisch legen. Sie zählen ein Kind aus, das die beiden obersten Karten herumdreht und nebeneinander auf den Tisch legt. Das Kind überlegt, welcher der beiden Begriffe mehr Silben hat, und spricht dazu beide Wörter wenigstens einmal laut aus. Dabei hebt es für jede Karte die den Silben entsprechende Anzahl an Fingern in die Luft.
Es entscheidet sich für den Begriff, der seiner Meinung nach mehr Silben hat. Zur Kontrolle sprechen alle Kinder nacheinander die beiden Wörter laut vor und klatschen dabei zu jeder Silbe in die Hände. Konnte das Kind die Aufgabe richtig lösen, darf es das Kartenpaar behalten. Ansonsten legt es die Karten wieder verdeckt unter die letzten von den beiden Stapeln.
Anschließend kommt das Kind links neben ihm an die Reihe und setzt das Spiel auf die gleiche Art fort. Am Ende zählen alle Kinder ihre Kartenpaare und ermitteln das Siegerkind!

Silben-KönigIn

Wer wird Silben-KönigIn? Nur wer die größte Anzahl an Silben hat, bekommt die begehrte Krone. Also, nix wie ran an die Bildkarten!

Alter: ab 5 Jahren
Material: goldener DIN-A3-Tonkartonbogen, Tacker, 24 Bild-Karteikarten (→ „Wie viele Silben kannst du zählen?"), jede Menge Edelsteine
Anzahl: 4–6 Kinder

Vorbereitung
Für jedes Kind wird eine Krone gebastelt. Dazu wird von der langen Seite des Tonkartons ein ca. 5 cm breiter Streifen abgeschnitten. Auf diesem werden ca. 2,5 cm breite Zickzack-Linien aufgezeichnet und ausgeschnitten.
Der Zacken-Streifen wird wie ein Stirnband bei jedem Kind am Kopf angepasst, wobei alle Zacken nach oben zeigen. Die überstehenden Enden des Streifens werden abgeschnitten und die Enden zusammengetackert.

Spielablauf
Die Karten liegen verdeckt und verteilt auf dem Tisch. Ein Kind dreht eine Karte um und benennt den Gegenstand. Dazu klatscht es bei jeder Silbe in die Hände und erhält pro Silbe einen Edelstein!
Das Kind rechts neben ihm setzt das Spiel auf die gleiche Art fort. Wer am Ende die meisten Silben gezählt hat, ist in dieser Runde Silben-KönigIn. Dieses Kind setzt seine Krone auf und behält diese während der nächsten Spielrunden so lange auf, bis ein anderes Kind die meisten Edelsteine erspielt hat und die Krone übernimmt.

Hinweis: Die Kinder üben das Silbenklatschen vor Spielbeginn, z. B. mit dem eigenen Namen.

Wimmelbilder-Sätze

Bei dem folgenden Spiel üben die Kinder vollständige Sätze zu bilden, aber auch anderen genau zuzuhören und Aufforderungen richtig umzusetzen.

Alter: ab 4 Jahren
Material: 1 Spielfigur pro Kind, 1 Wimmelbilderbuch
Anzahl: ab 2 Kindern

Die Kinder sitzen vor einem Wimmelbilderbuch, auf dem z. B. ein Strandbild zu sehen ist. Die Spielleitung eröffnet die Runde und sagt z. B.: *„Du kletterst auf eine Palme und schaust hinunter auf den Strand."* Alle Kinder nehmen ihre Spielfigur und stellen sie auf dem Bild auf eine Palme. Stehen alle Spielfiguren auf der richtigen Stelle?
Eines der Kinder, das die Aufgabe gut erfüllen konnte, bildet auf die gleiche Art einen neuen Satz, z. B.: *„Du schwimmst im Meer."*
Hinweis: Spielen mehr als drei Kinder mit, bilden die Kinder Paare, sodass für alle Spielfiguren ausreichend Platz zum Stellen bleibt.

Variante für ältere Kinder
Die Spielleitung oder ein Kind stellt die Spielfigur z. B. auf den Strand. Reihum versuchen die Kinder einen passenden Satz zu bilden, indem sie z. B. sagen: *„Du machst einen Strandspaziergang und suchst Muscheln am Strand"* oder *„Du liegst im weichen Sand und träumst!"*

Was fällt dir dazu ein?

Alter: ab 4 Jahren
Material: 3 Gegenstände pro Kind (z. B. Muschel, Kieselstein, Bauklotz, Perle, Kreide etc.), blickdichtes Tuch
Anzahl: 2–6 Kinder

Alle Gegenstände kommen in die Tischmitte und werden mit einem großen Tuch abgedeckt.
Nacheinander tasten die Kinder mit den Händen unter das Tuch und ziehen einen Gegenstand hervor, zu dem sie einen Satz bilden, z. B.: *„Ich baue einen Turm aus Bauklötzen."* Oder: *„Mein Kieselstein ist rund und glitzernd."*
Das Spiel ist beendet, wenn alle Gegenstände unter dem Tuch hervorgeholt wurden und passend dazu jeweils ein Satz gebildet wurde.

Geschichten erzählen

Alter: ab 6 Jahren
Material: viele Gegenstände (z. B. Tasse, Waschlappen, Butterbrotdose …), blickdichtes Tuch
Anzahl: ab 2 Kindern

Die Spielleitung legt alle Gegenstände unter dem Tuch bereit.
Ein Kind tastet nach einem Gegenstand, zieht ihn hervor und beginnt eine Geschichte zu erzählen, in der der Gegenstand erwähnt wird. Das Kind selbst spielt dabei die Hauptrolle. Es erzählt z. B. zu einer Tasse: *„Es ist früh am Morgen. Der Wecker klingelt und ich stehe auf. Ich gehe in die Küche und sehe meinen Papa, der gerade eine Tasse auf den Frühstückstisch stellt."*
Kaum wurde die Tasse erwähnt, holt das nächste Kind einen neuen Gegenstand hervor, z. B. einen Waschlappen, und setzt die Geschichte auf die gleiche Art fort: *„Ich gebe*

meinem Vater einen Guten-Morgen-Kuss. Dann gehe ich ins Bad. Ich wasche mein Gesicht mit meinem feuerroten Waschlappen …"
Auf diese Weise werden nach und nach alle Gegenstände unter dem Tuch hervorgeholt und die Geschichte wird immer länger.
Hinweis: Wenn die Gegenstände entsprechend gewählt werden, kann der Schwierigkeitsgrad variiert werden: Zahnbürste, Kamm, Waschlappen etc. sind einfach miteinander zu verbinden; bei Auto, Kamm und Muschel wird das schwieriger …

ABC-Wettlauf

Spielerisch lernen die Kinder hier die Buchstaben des Alphabets zu benennen.

Alter: ab 5 Jahren
Material: 26 DIN-A7-Karteikarten, schwarzer Filzstift, weißer DIN-A2-Tonkartonbogen, Time Timer oder Eieruhr
Anzahl: ab 2 Kindern

Vorbereitung
Die Spielleitung schreibt auf jede Karte in Druckschrift jeweils einen Buchstaben des Alphabets (ohne die Umlaute *ä, ö* und *ü*). Auf den Tonkarton schreibt sie das Alphabet noch einmal in der gleichen Schrift. Dabei achtet sie darauf, dass die Buchstaben so weit auseinanderstehen, dass die Buchstaben-Karten darauf gelegt werden können, ohne den nächsten Buchstaben zu verdecken.

Spielablauf
Die Spielleitung legt das Tonpapier in die Tischmitte. Die Karten werden von den Kindern gemischt und verdeckt um das Tonpapier herum verteilt. Die Spielleitung stellt den Wecker auf 5 Min.
Ein Kind deckt schnell eine Karte auf. Ist ein anderer Buchstabe als das *A* zu sehen, dreht es die Karte sofort wieder um und das nächste Kind deckt eine zweite Karte auf. Der Reihe nach suchen die Kinder auf diese Art so schnell wie möglich das *A*. Haben sie es gefunden, legen sie die Karte auf das *A* auf dem Tonpapier.
Anschließend macht sich das nächste Kind auf die Suche nach dem Buchstaben *B* usw. Das Spiel ist beendet, wenn alle Buchstaben-Karten auf dem Tonpapier liegen oder die Zeit abgelaufen ist. Im letzten Fall probieren die Kinder das Spiel gleich noch einmal aus.

A wie Affe

Sollen Kinder einen Anlaut richtig erkennen, ist es wichtig, diesen nicht als Buchstabenbezeichnung (z. B. „ef") auszusprechen, sondern nur als Laut (z. B. „f"). Für das Lesen- und Schreibenlernen ist dies elementar.

Alter: ab 6 Jahren
Material: Alphabet-Karteikarten (→ S. 25 „ABC-Wettlauf"), 1 weißes DIN-A4-Blatt und 1 Bleistift pro Kind
Anzahl: ab 3 Kindern

Die Alphabet-Karten werden gut gemischt und auf einen Stapel gelegt.
Eines der Kinder hebt die erste Karte ab und legt sie offen auf den Tisch. Ist z. B. ein *B* zu erkennen, sagt das Kind: „b" (nicht „be")! Wer kennt ein Wort, das mit diesem Buchstaben beginnt? Im Uhrzeigersinn versuchen alle Kinder der Reihe nach ein neues Wort zu sagen. Wer ein neues Wort nennt, schreibt den Buchstaben auf sein Papier.
Danach nimmt das Kind links neben dem Ausgangskind eine zweite Karte vom Stapel, legt sie offen auf den Tisch und setzt das Spiel fort.
Wurden alle Karten umgedreht, zählen die Kinder ihre Buchstaben. Wer hat alle sechsundzwanzig Buchstaben auf seinem Blatt Papier stehen?

Variante

Die Kinder lassen viel Platz zwischen den aufgeschriebenen Buchstaben und malen am Ende des Spiels zu jedem Buchstaben ein Bild mit einem Gegenstand oder einer Figur, die mit dem Anlaut beginnt: P = Puppe, D = Drache etc.

Wörter legen

Alter: ab 5 Jahren
Material: 1 Satz Alphabet-Karteikarten (→ S. 25 „ABC-Wettlauf") pro Kind, 1 weißes DIN-A4-Blatt pro Kind, 1 Tüte Russischbrot (Buchstabenkekse)
Anzahl: ab 2 Kindern

Vorbereitung

Die Spielleitung schreibt verschiedene kurze Wörter in großen Druckbuchstaben auf je ein Blatt Papier. Dabei lässt sie zwischen den einzelnen Buchstaben so viel Platz, dass eine Alphabet-Karte auf einen Buchstaben passt, ohne den nächsten zu verdecken. Die Wörter-Blätter kopiert sie einmal für jedes Kind.

Spielablauf

Jedes Kind mischt seine Alphabet-Karten und legt sie verdeckt auf einen Stapel. Die Spielleitung gibt allen Kindern die erste Kopie, auf der z. B. das Wort „*Haus*" steht.
Auf ein Kommando decken alle Kinder die erste Karte von ihrem Stapel auf und vergleichen den Buchstaben mit denen auf ihrem Papier. Finden sie dort den gleichen Buchstaben, legen sie die Karte darauf ab. Falls nicht, schieben sie die Karte wieder verdeckt unter ihren Stapel.
In der zweiten Spielrunde decken wieder alle Kinder gemeinsam die nächste Karte von ihrem Stapel auf und vergleichen ihn mit den Buchstaben auf ihrem Papier. Auf diese Weise wird das Spiel so lange weitergeführt, bis ein oder mehrere Kinder gleichzeitig das Wort „*Haus*" legen konnten. Zur Belohnung erhalten sie einen Buchstabenkeks. Das Spiel beginnt mit einem neuen Wort von vorn, das die Kinder wieder als Kopie erhalten.

Wer löffelt die Suppe aus?

Alle Kinder wollen gemeinsam ihre Buchstabensuppe auslöffeln, jedoch nur solange die Suppe noch warm ist. Ein Spiel gegen die Zeit!

Alter: ab 6 Jahren
Material: dicker Bastelwellpappenkarton (50 × 70 cm), dicker Filzstift, Suppenteller, Suppenlöffel, Time Timer oder Eieruhr
Anzahl: ab 2 Kindern

Vorbereitung
Die Spielleitung schreibt die Selbstlaute A, E, I, O, U in großen, dicken Druckbuchstaben (ca. 8 cm hoch und 2 cm breit) auf die Wellpappe. Sie schneidet die Buchstaben aus und legt sie in einen Suppenteller.

Spielablauf
Die Spielleitung platziert den Teller mit der „Buchstabensuppe" in der Tischmitte und stellt den Wecker auf 3 Min.
Ein Kind nimmt den Löffel und fischt damit nach einem Buchstaben. Liegt dieser auf dem Löffel, denken sich alle Kinder nacheinander ein Wort aus, das mit diesem Buchstaben beginnt.
Danach wird der Buchstabe neben dem Teller abgelegt und der Löffel dem linken Nachbarkind übergeben, das nun auf die gleiche Art einen neuen Buchstaben herauslöffelt.
Das Spiel ist aus, wenn die Zeit abgelaufen oder im besten Fall die Suppe ausgelöffelt ist.

Welches Wort fängt so an?

Bei diesem Würfelspiel befassen sich die Kinder spielerisch mit den Anlauten von Wörtern. Dabei lernen sie durch Zählen so ganz nebenbei das Alphabet kennen.

Alter: ab 6 Jahren
Material: Alphabet-Karteikarten (→ S. 25 „ABC-Wettlauf"), 1 Spielfigur pro Kind, Augenwürfel
Anzahl: ab 2 Kindern

Die Spielleitung legt die Karten in der Reihenfolge des Alphabets in einer Reihe auf dem Tisch aus.
Die Kinder setzen sich so vor die Kartenreihe, dass sie das Alphabet gut lesen können. Ein Kind würfelt und geht mit seiner Spielfigur ausgehend vom *A* die der Augenzahl entsprechende Kartenanzahl vor. Kann es innerhalb von 10 Sek. ein Wort nennen, das mit dem Buchstaben beginnt, auf dem seine Spielfigur jetzt steht? Wenn ja, bleibt es auf dem Buchstaben stehen, ansonsten stellt es seine Spielfigur wieder auf den Ausgangsplatz zurück.
Wer wird wohl am schnellsten mit seiner Spielfigur das Alphabet durchlaufen?

Farbwürfel & Zahlenzauber
17 Spiele mit Zahlen, Mengen, Formen und Farben

Kinder, die bereits vor dem Schuleintritt spielerisch in die Welt der Mathematik eintauchen, trainieren und festigen ohne großes Zutun grundlegende mathematische Vorläuferfertigkeiten, die ihnen später in der Schule von Nutzen sind. Damit sich jedoch alle Kinder gerne mit einfachen mathematischen Inhalten befassen, brauchen sie vielseitige und interessante Anregungen und Angebote, die ihre natürliche Neugier auf Zahlen und Mengen, Farben und Formen weckt.

In diesem Kapitel üben die Kinder spielerisch Mengen auf einen Blick zu erfassen, eine Zahl einer bestimmten Menge richtig zuzuordnen, die Zahlenreihe zu erkennen, den Vorgänger und Nachfolger einer Zahl zu bestimmen und im Zahlenraum von Eins bis Zwölf zu rechnen. Zudem lernen sie miteinander die drei Grundfarben, aber auch viele Mischfarben kennen und diese voneinander zu unterscheiden. Darüber hinaus entdecken sie geometrische Grundformen, die sie z. B. nach ihren Eigenschaften sortieren oder auch farblich voneinander unterscheiden.

Auf der Baustelle

Alle StraßenbauarbeiterInnen haben viel zu tun. Sie müssen bis zum Morgengrauen einen Weg aus Pflastersteinen verlegen, da die Kinder sonst nicht gefahrlos in die Schule gehen können. Also nichts wie ran: Die Zeit drängt!

Alter: ab 4 Jahren
Material: 12 Kieselsteine und 1 Schale pro Kind, Augenwürfel, Time Timer oder Eieruhr
Anzahl: ab 2 Kindern

Die Kinder erhalten jeweils eine Schale mit zwölf Kieselsteinen und die Spielleitung stellt den Wecker auf 5 Min.
Ein Kind würfelt und legt eine der Augenzahl entsprechende Menge an Kieselsteinen aus seiner Schale in einer Reihe dicht aneinander auf den Tisch. Das Kind links neben ihm würfelt und setzt den Pflasterstein-Weg auf die gleiche Art fort. Der Weg ist erst fertig, wenn alle Steine in einer Reihe liegen.

Hat ein Kind seine Steine bereits alle verbaut, erhält es einen „Zeitbonus" von 10 Sek. Zunächst würfelt es einfach weiter, wenn es an der Reihe ist, und hilft den anderen Kindern beim Pflastern, indem es Steine aus deren Materialschalen verbaut. Klingelt jedoch der Wecker, bevor alle Steine in einer Reihe liegen, wird der Zeitbonus eingesetzt: Das Bonus-Kind zählt laut von Eins bis Zehn, während die anderen in Windeseile weiterwürfeln und hoffentlich in dieser Zeit die noch fehlenden Steine verbauen können. Sollte jedoch der Weg trotzdem nicht fertig gestellt werden können, probieren die Kinder das Spiel am besten gleich noch einmal von vorn aus.

Variante für ältere Kinder

Es werden zwei Zusatzregeln eingeführt:
- Bei einer Eins darf kein Stein gelegt werden, sondern das Würfel-Kind muss den letzten Stein vom Weg entfernen, weil dieser in der Hektik schlecht verlegt war, und in seine eigene Schale zurücklegen!
- Bei einer Sechs würfelt dasselbe Kind gleich noch einmal: Jetzt wird im Akkord gearbeitet!

Kästchen zählen

Alter: ab 5 Jahren
Material: 1 kariertes, weißes DIN-A5-Blatt pro Kind, Buntstifte, Augenwürfel; evtl. Farbwürfel
Anzahl: ab 2 Kindern

Vorbereitung

Die Spielleitung zeichnet ein Quadrat mit einer Seitenlänge von 15 cm auf jedes Blatt Papier.

Spielablauf

Ein Kind würfelt und malt eine der Augenzahl entsprechende Menge an Kästchen in seinem Quadrat aus. Das nächste Kind setzt das Spiel auf die gleiche Art fort. Wer als Erster alle Kästchen in seinem Quadrat ausmalen konnte, gewinnt das Spiel.

Variante für ältere Kinder

Die Kinder würfeln gleichzeitig mit einem Augen- und einem Farbwürfel. Werden z. B. die Drei und Gelb gewürfelt, malt das Kind drei Kästchen in seinem Quadrat gelb aus. Wer als Erster fertig ist, erhält zwei Siegpunkte für das Ausmalen. Zusätzlich erhält jedes Kind einen Siegpunkt pro verwendeter Farbe. Wer also alle sechs Würfelfarben verwendet, aber noch nicht alle Kästchen gefüllt hat, kann trotzdem gewinnen oder auf einen Patt hoffen.

Zwillings-Wurf

Alter: ab 4 Jahren
Material: 1 Augenwürfel pro Kind, 6 Spielechips; evtl. 2 Augenwürfel pro Kind
Anzahl: ab 2 Kindern

Alle Kinder erhalten einen Augenwürfel und ein Kind beginnt zu würfeln. Alle übrigen Kinder würfeln ebenfalls der Reihe nach, um einen „Zwillings-Wurf" zu erreichen, also dieselbe Augenzahl wie das erste Kind zu würfeln. Wer das als Erster schafft, erhält einen Gewinner-Spielechip und startet eine neue Spielrunde.
Nach sechs Spielrunden zählen die Kinder ihre Spielechips und sind gespannt, wer von ihnen die meisten Zwillings-Würfe geschafft hat.

Variante für ältere Kinder

Ein Kind würfelt mit zwei Würfeln gleichzeitig. Das Spiel verläuft wie das Hauptspiel, entscheidend für einen Spielechip ist aber nun nicht mehr allein das gleiche Würfelbild, sondern dieselbe Summe! Wer zählt richtig zusammen?

Zahlen und Mengen

Alter: ab 5 Jahren
Material: Laminierfolie oder 2 DIN-A4-Tonkartonbögen und Klebstoff
Anzahl: ab 2 Kindern

Vorbereitung
Die Spielleitung kopiert die Abbildungen von S. 32.
Sie schneidet die Quadrate einzeln aus und laminiert sie ggf. oder verstärkt diese mit Tonkarton.

Spielablauf
Die Kinder legen die Würfel-Karten der Reihe nach in die Tischmitte. Alle übrigen Karten mit den Gegenständen drehen sie um und verteilen sie auf dem Tisch.
Ein Kind deckt eine Karte auf und überlegt kurz, wie viele Dinge dort abgebildet sind. Zur Kontrolle zählt es mit einem Finger nach und legt die Karte auf die passende Würfelaugen-Karte in der Mitte.
Das nächste Kind setzt das Spiel fort, indem es eine neue Karte umdreht und diese wiederum auf eine passende Würfel-Karte legt. Das Spiel ist beendet, wenn allen Augenzahl-Karten jeweils eine Gegenstands-Karte zugeordnet wurde.

Variante für mehrere Kinder

Die Spielleitung kopiert für jedes Kind einen kompletten Satz Karten. Jedes Kind legt seine Würfel-Karten offen vor sich hin und die Gegenstands-Karten verdeckt auf einen Stapel daneben. Die Kinder decken gleichzeitig die Gegenstands-Karten auf und legen diese so schnell wie möglich auf ihre richtige Würfel-Karte. Wer ist als Erster/Zweiter/Dritter fertig? Kontrollieren: Hat der Erste einen Fehler gemacht, gewinnt der Zweite usw. – richtige Zuordnung geht vor Schnelligkeit!

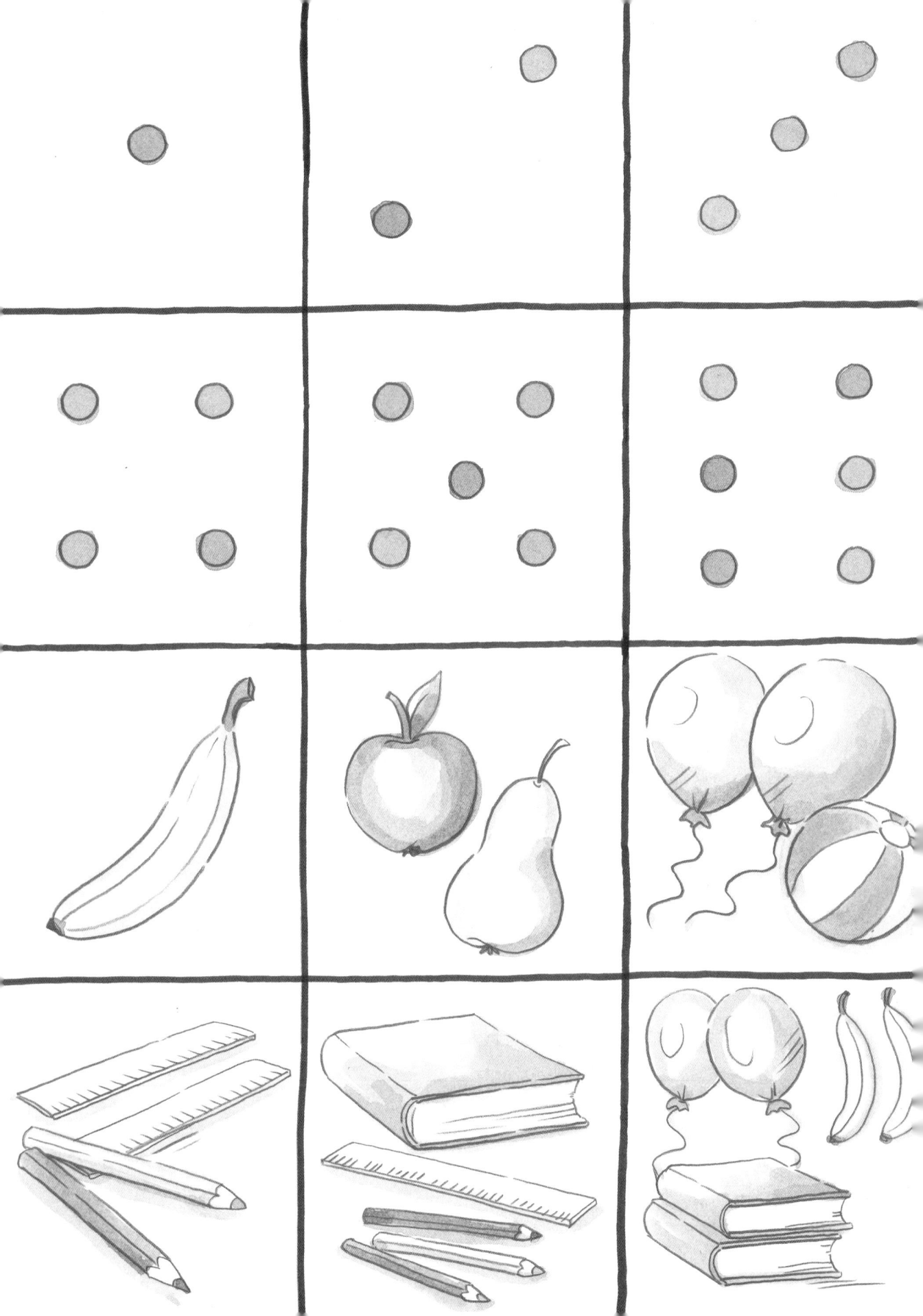

Zahlen in der Reihe

Alter: ab 4 Jahren
Material: 10 DIN-A7-Karteikarten und 1 Bleistift pro Kind; evtl. 12 DIN-A7-Karteikarten pro Kind
Anzahl: ab 2 Kindern

Vorbereitung
Jedes Kind schreibt allein oder mithilfe der Spielleitung auf zehn Karteikarten die Zahlen von Eins bis Zehn.

Spielablauf
Alle Karten werden gemischt und verdeckt auf den Tisch gelegt.
Ein Kind dreht eine Karte um. Sollte die Zahl Eins zu sehen sein, legt es die Karte vor sich auf den Platz und darf eine weitere Karte umdrehen. Ist eine andere Zahl zu sehen, legt es die Karte wieder verdeckt auf ihren Ausgangsplatz zurück und das nächste Kind im Uhrzeigersinn dreht eine andere Karte um.
Ziel des Spiels ist es, dass jedes Kind nach und nach seine eigene Zahlenreihe in der richtigen Reihenfolge von Eins bis Zehn vor sich ablegen kann. Wer ist als Erster fertig?

Variante für ältere Kinder
Die Kinder legen die Zahlenreihe erst vorwärts bis zwölf und danach rückwärts!

Zahlen-Zauberer

Ein Zahlen-Zauberer murmelt einen Zauberspruch vor sich hin, sodass zwei Zahlen in der Reihe plötzlich ganz woanders stehen. Wer weiß, um welche beiden Zahlen es sich handelt und kann diese wieder richtig platzieren?

Alter: ab 5 Jahren
Material: 10 Zahlen-Karten; evtl. 12 Zahlen-Karten (→ „Zahlen in der Reihe")
Anzahl: ab 3 Kindern

Die Kinder legen mit den Zahlen-Karten eine Zahlenreihe von Eins bis Zehn und setzen sich so hin, dass sie diese gut lesen können. Alle Kinder drehen sich kurz um und schließen die Augen. Ein Kind spielt den Zahlen-Zauberer und murmelt einen Zauberspruch vor sich hin. Dabei vertauscht es zwei Zahlen-Karten miteinander.
Alle Kinder drehen sich um und öffnen wieder ihre Augen. Wer weiß, wie die beiden vertauschten Zahlen heißen und kennt ihren Ausgangsplatz? Wer am schnellsten die richtige Antwort geben kann, bringt die Zahlenreihe wieder in Ordnung und spielt in der nächsten Runde den Zahlen-Zauberer.

Variante
Es werden zwölf Zahlen-Karten verwendet. Der Zahlen-Zauberer tauscht nicht zwei Zahlen-Karten miteinander aus, sondern entfernt mit einem Verschwinde-Zauberspruch eine Karte ganz aus der Reihe. Wer am schnellsten weiß, welche Zahlen-Karte fehlt, spielt den neuen Zahlen-Zauberer.

Vorgänger und Nachfolger

Alter: ab 4 Jahren
Material: 1 Augenwürfel pro Kind, Würfelbecher; evtl. 2 Augenwürfel pro Kind
Anzahl: ab 3 Kindern

Ein Kind würfelt im Becher und stellt ihn mit Schwung mit der Öffnung nach unten auf den Tisch. Es nimmt ruckartig den Becher weg und benennt die gewürfelte Zahl. Wer weiß von den anderen Kindern, wie der Vorgänger dieser Zahl heißt? Wurde die richtige Antwort genannt, würfeln die Kinder so lange gleichzeitig mit der Hand, bis eines von ihnen die entsprechende Augenzahl gewürfelt hat.

Das betreffende Kind wiederholt das Spiel auf die gleiche Art. Diesmal allerdings wird der Nachfolger der Augenzahl gesucht. Wer würfelt diese Zahl als Erster?

Variante für ältere Kinder

Die Kinder würfeln mit zwei Würfeln im Becher, sodass sie die Summe auszählen oder errechnen müssen, um den Vorgänger oder den Nachfolger zu bestimmen.

Der Rechenweg

Alter: ab 5 Jahren
Material: weißer DIN-A2-Tonkartonbogen, Zirkel, roter Filzstift, 24 Notizblätter, Spielfigur, Time Timer oder Eieruhr, Augenwürfel, 10 Spielechips o. Ä.
Anzahl: ab 2 Kindern

Vorbereitung

Die Spielleitung zeichnet auf dem Tonkarton einen spiralförmigen Weg aus ca. 62 Kreisen auf. Jeden dritten Kreis malt sie rot aus.
Auf die Notizblätter schreibt sie jeweils eine einfache Additionsaufgabe, deren Ergebnis nicht höher als Fünf sein darf. Die Aufgaben können sich dabei wiederholen.

Spielablauf

Der Spielplan wird in die Tischmitte gelegt und die Notizblätter verdeckt auf einen Stapel daneben. Die Kinder stellen eine Spielfigur vor den ersten Kreis am Anfang der Spirale und der Wecker wird auf 20 Min. gestellt.
Ein Kind würfelt und rückt entsprechend der Augenzahl auf den Kreisen mit seiner Spielfigur vor. Bleibt es auf einem roten Kreis stehen, nimmt es den obersten Zettel

vom Stapel und liest laut die Rechenaufgabe vor. Die Kinder versuchen die Aufgabe gemeinsam im Kopf zu lösen. Zur Kontrolle stellt das Würfel-Kind die Rechenaufgabe mit den Spielechips dar, die sich einfacher abzählen lassen.

Wurde das richtige Ergebnis genannt, darf das Kind die entsprechende Anzahl an Feldern mit der Spielfigur vorrücken, wenn nicht, bleibt es stehen und das nächste Kind würfelt. Kommt es auf ein rotes Feld, nimmt es einen weiteren Zettel mit einer neuen Aufgabe vom Stapel. Bei einem weißen Feld ist das nächste Kind dran.

Das Spiel ist beendet, wenn die Zeit abgelaufen ist oder im besten Fall die Spielfigur den letzten Kreis auf dem Rechenweg bereits überspringen konnte!

Rechenpaare, aufgepasst!

Alter: ab 5 Jahren
Material: 10 Zahlen-Karten (→ S. 33 „Zahlen in der Reihe"), Spielechips
Anzahl: ab 3 Kinderpaaren

Die Kinder bilden Paare. Die Zahlen-Karten liegen offen auf dem Tisch.
Ein Paar beginnt das Spiel, indem beide Kinder jeweils eine Faust nach vorn halten und auf ein Kommando der Spielleitung bis zu fünf Finger in die Luft strecken. Welches der anderen Paare kann die Finger am schnellsten zusammenzählen und auf die passende Zahlen-Karte deuten?
Das betreffende Paar erhält einen Spielechip und wiederholt das Spiel. Das Paar, das am Ende die meisten Chips ergattern konnte, ist Rechenpaar-Sieger!

Variante für ältere Kinder

Wer einen falschen Tipp abgibt, muss einen Chip abgeben (wer noch gar keinen Chip hat, bekommt aber keine Minuspunkte)!

Wer gelangt zur Sonne?

Alter: ab 4 Jahren
Material: gelber Leuchtstift, Farbwürfel, Buntstifte in den Würfelfarben, DIN-A3-Tonkartonbogen, Klebstoff, Laminierfolie, 1 Spielfigur pro Kind
Anzahl: 4–6 Kinder

Vorbereitung

Der Spielplan von S. 36 wird auf DIN A3 vergrößert kopiert und die Sonne gelb ausgemalt. Die Kreise auf den Sonnenstrahlen werden jeweils in einer der Würfelfarben ausgemalt. Der gesamte Spielplan wird auf den Tonkartonbogen geklebt und am Ende laminiert.

Spielablauf

Jedes Kind setzt sich vor einen Sonnenstrahl und stellt seine Spielfigur vor den ersten ausgemalten Kreis.
Die Kinder würfeln reihum. Würfeln sie ihre eigene Farbe, rücken sie mit ihrer Spielfigur ein Feld vor, ansonsten ist das nächste Kind mit Würfeln an der Reihe.
Auf diese Weise gelangen sie mit ihren Spielfiguren von einem Farb-Kreis zum anderen in Richtung Sonne. Das Kind, das mit seiner Spielfigur am schnellsten im Sonnenkreis ankommt, gewinnt das Spiel.
Hinweis: Spielen weniger als sechs Kinder mit, darf bei einer nicht vergebenen Würfelfarbe noch einmal gewürfelt werden.

Indianer-Federn

Alle Indianer-Kinder brauchen einen neuen Kopfschmuck, bei dem lediglich Federn in bestimmten Farben angebracht werden dürfen. Wer wird wohl den anderen seinen Kopfschmuck als Erster präsentieren können?

Alter: ab 4 Jahren
Material: weißer DIN-A3-Tonkartonbogen, Farbwürfel, Filzstifte in den Würfelfarben, je 2 Indianerfedern pro Kind in den Würfelfarben, Tacker
Anzahl: ab 2 Kindern

Vorbereitung
Die Spielleitung schneidet für jedes Kind einen ca. 3 cm breiten und 40 cm langen Streifen Tonkarton ab. Die Kinder malen auf ihren Tonkartonstreifen jeweils zwei Kreise in den Würfelfarben mit genügend Abstand zueinander.

Spielablauf
Die Federn liegen verteilt auf dem Tisch. Ein Kind würfelt und nimmt sich eine Feder in der gewürfelten Farbe. Es legt sie auf einen gleichfarbigen Kreis auf seinem Tonpapier Streifen und gibt den Würfel seinem linken Nachbarkind.
Reihum bringen die Kinder auf diese Art bunte Federn an ihrem Stirnband an. Würfelt ein Kind jedoch eine Farbe, für die kein Kreis mehr frei ist, setzt es eine Runde aus. Das Spiel ist beendet, wenn ein Kind je zwei Federn in einer der Würfelfarben auf seinem Stirnband richtig platzieren konnte.

Am Ende werden die Federn einzeln an das Stirnband geheftet. Um das Band als Kopfschmuck zu tragen, wird es am Kopf angelegt, die überstehenden Streifen abgeschnitten und die beiden Enden zusammengetackert.

Variante
Die Kinder überlegen sich neue Regeln für die beiden nicht vergebenen Würfelfarben, z. B.: Noch einmal würfeln, eine Feder wieder abgeben, sich beim Nachbarn eine Feder stibitzen dürfen, bei Weiß freie Federnwahl (weil Weiß alle Farben in sich birgt) …

Papierschnipsel-Fresser

Alle kleinen Papierschnipsel-Fresser haben heute viel Appetit auf Papierschnipsel in den unterschiedlichsten Farben. Wer von ihnen macht seinem Namen alle Ehre und kann am Ende die meisten Schnipsel ergattern?

Alter: ab 4 Jahren
Material: 1 Farbwürfel, Papierreste in 5 von 6 Würfelfarben
Anzahl: ab 2 Kindern

Vorbereitung
Die Kinder reißen aus den Papierresten unterschiedlich große Papierschnipsel, und zwar von 5 der Würfelfarben je 6 Schnipsel.

Spielablauf
Die Kinder verteilen die Schnipsel auf dem Tisch. Das jüngste Kind würfelt und nimmt sich einen zur Würfelfarbe passenden Schnipsel. Das nächste Kind im Uhrzeigersinn würfelt und nimmt sich ebenfalls einen passenden Schnipsel.

Wird die nicht vergebene Farbe gewürfelt, schieben die Kinder alle ihre gesammelten Papierschnipsel im Uhrzeigersinn einen Platz weiter: Wer bis dahin nur wenige Schnipsel gesammelt hatte, bekommt nun vielleicht ganz viele – oder umgekehrt!

Ist nach einigen Runden von einer der vergebenen Farben kein Papierschnipsel mehr übrig, geht das Kind in dieser Runde leer aus und gibt den Würfel einfach weiter.

Erst wenn alle Papierschnipsel verteilt sind, zählen alle Kinder ihre Schnipsel und ermitteln den größten Papierschnipsel-Fresser!

Variante

Jedes Kind sucht sich eine Farbe aus, wobei eine Farbe wiederum nicht vergeben wird (d. h. es spielen max. 5 Kinder mit). Reihum würfeln die Kinder und nehmen sich nur dann einen Papierschnipsel, wenn sie selbst oder ein anderes Kind ihre Farbe gewürfelt hat. Bei der nicht vergebenen Farbe darf sich nur das Würfel-Kind einen Farbschnipsel aussuchen. Wer am schnellsten alle seine Papierschnipsel einsammeln konnte, gewinnt.

Äpfel pflücken

Alter: ab 4 Jahren
Material: weißer DIN-A3-Tonkartonbogen, Farbwürfel, Buntstifte in den Würfelfarben, rote oder grüne Knetmasse, 1 Spielfigur und 1 kleine Materialschale pro Kind
Anzahl: ab 2 Kindern

Vorbereitung

Die Spielleitung malt einen großen Baum mit einer Leiter aus 18 Sprossen, die zur Baumkrone führt. Die Sprossen zeichnet sie entsprechend der Würfelfarben, wobei jede Farbe mehrfach vorkommt. Die letzte Sprosse allerdings setzt sich aus zwei der sechs Farben zusammen!

Währenddessen kneten alle Kinder ca. 20 kleine Kugeln aus Knetmasse, die Äpfel darstellen und überall auf der aufgemalten Baumkrone verteilt werden.

Spielablauf

Die Kinder setzen sich mit einer Materialschale und ihrer Spielfigur um den Spielplan herum.

Ein Kind würfelt und steigt mit seiner Spielfigur die Leiter so weit nach oben, bis es auf der ersten Sprosse in der gewürfelten Farbe steht. Das nächste Kind würfelt und klettert mit seiner Figur auf die gleiche Weise nach oben. Die Sprossen dürfen dabei mehrfach besetzt werden.

Ziel ist es, die oberste Sprosse zu erreichen: Wer das geschafft hat, darf einen Apfel pflücken, um damit auf der Leiter – ohne auf die Farben zu achten – direkt wieder bis ganz nach unten zu klettern und ihn in seiner Schale abzulegen, bevor es in der nächsten Runde von Neuem startet.

Wer sich der obersten Sprosse nähert und eine Farbe würfelt, die auf dem Weg nach oben nicht mehr vorkommt, bleibt auf seiner Sprosse stehen und versucht in der nächsten Runde, möglichst direkt eine der beiden Farben der letzten Sprosse zu würfeln, um einen Apfel pflücken zu können.

Reihum versuchen die Kinder auf diese Art, alle Äpfel vom Baum zu ernten. Wer am Ende die meisten Äpfel in seiner Schale hat, ist SiegerIn!

Variante für ältere Kinder

Die Sprossen dürfen nicht mehrfach besetzt werden: Gelangt ein Kind auf eine besetzte Sprosse, darf es diese überspringen und direkt auf die nächst höhere in der gleichen Farbe steigen! Gibt es jedoch keine höhere freie Sprosse, muss es auf seiner Ausgangssprosse stehen bleiben!

Farben-Kreisel

Alter: ab 5 Jahren
Material: weißer DIN-A3-Tonkartonbogen, Zirkel, Mini-Kreisel, blickdichtes Tuch, Wachsmal und Schminkstifte in Rot, Lila, Blau, Grün, Gelb und Orange
Anzahl: ab 3 Kindern

Vorbereitung

Die Spielleitung zeichnet einen Kreis mit ca. 20 cm Ø mit sechs gleich großen Tortenstücken auf den Tonkarton. Sie malt die Tortenstücke in der o.g. Farbreihenfolge aus, sodass ein Farbkreis aus Grund- und Mischfarben entsteht.

Spielablauf

Ein Kind stellt den Mini-Kreisel in die Mitte des Farbkreises und dreht ihn an. Bei welcher Farbe bleibt der Kreisel liegen? Das Kind merkt sich die Farbe und deckt den Farbkreis mit einem Tuch ab.
Bei einer Grundfarbe, z. B. Rot, stellt die Spielleitung eine Farbmischaufgabe, z. B.: *„Rot und Blau gibt …?"* Bei einer Mischfarbe, z. B. Lila, fragt sie andersherum: *„Aus welchen beiden Farben entsteht Violett?"* Die Kinder geben nacheinander einen Tipp ab und decken zur Kontrolle den Farbkreis wieder auf, um nach der Farbe zwischen Rot und Blau zu sehen bzw. nach den Nachbarfarben von Violett.
Wer die richtige Antwort wusste, bekommt mit dem passenden Schminkstift einen Punkt auf die Nase gemalt. Danach dreht ein weiteres Kind den Kreisel und startet eine neue Spielrunde.

Dreieck, Rechteck, Kreis, Quadrat

Alter: ab 5 Jahren
Material: weißer DIN-A3-Tonkartonbogen, Zirkel, Buntstifte in Rot, Gelb und Blau, Schuhkarton mit Deckel; evtl. Schreibsachen
Anzahl: 3–4 Kinder

Vorbereitung

Die Spielleitung zeichnet die folgenden Formen auf den Tonkarton:
- großer Kreis (Ø 7 cm)
- kleiner Kreis (Ø 3,5 cm)
- großes gleichseitiges Dreieck (Seitenlänge 8 cm)
- kleines gleichseitiges Dreieck (Seitenlänge 4 cm)
- großes Rechteck (8 × 4 cm)
- kleines Rechteck (4 × 2 cm)
- großes Quadrat (Seitenlänge 6 cm)
- kleines Quadrat (Seitenlänge 3 cm)

Sie schneidet alle Formen aus, malt die Umrisse jeder Form dreimal ab und schneidet auch diese Formen aus.
Alle drei gleichen kleinen und großen Formen werden jeweils in einer der drei Grundfarben angemalt.
Zuletzt wird von jeder Form ein Umriss dreimal auf den Schuhkarton übertragen und von den Kindern in einer Grundfarbe ausgemalt.
Hinweis: Die Formen werden im Schuhkarton aufbewahrt und können immer wieder für dieses oder andere Formenspiele verwendet werden.

Spielablauf

Die 24 Formen werden auf dem Tisch verteilt. Die Spielleitung fragt die Kinder z. B.: *„Wo ist das kleine blaue Dreieck?"* Wer am schnellsten auf die richtige Form zeigen kann, stellt die nächste Frage, z. B.: *„Wo ist der große gelbe Kreis?"*

Variante

Ein Kind tippt z. B. auf den großen roten Kreis und bittet ein anderes Kind, die drei Eigenschaften in einem vollständigen Satz zu benennen: *„Die Form ist groß, rund und rot!"* Kann das Kind diese Eigenschaften benennen, zeichnet es den Umriss des Kreises auf sein Papier. Falls nicht, darf ein anderes Kind Antwort geben.

Das Spiel geht im Uhrzeigersinn weiter, indem das nächste Kind auf eine weitere Form deutet, zu der ein Kind seiner Wahl die drei Eigenschaften benennt. Das Spiel ist beendet, wenn alle Kinder wenigstens einmal die Umrisse der vier verschiedenen Formen aufzeichnen konnten.

Verflixter Formenlauf

Alter: ab 5 Jahren
Material: 24 bunte Formen (→ S. 40), Stoffsäckchen, 1 Spielfigur pro Kind, Farbwürfel
Anzahl: 2–6 Kinder

Die Spielleitung legt aus den kleinen Formen einen Kreis als Spielplan auf den Tisch und legt alle großen Formen in das Stoffsäckchen.
Die Kinder stellen ihre Spielfigur auf eine beliebige Form. Ein Kind würfelt und rückt mit seiner Figur auf die nächste Form vor, deren Farbe der Würfelfarbe entspricht. Wer weiß, wie die Farbe und die Form heißen? Wurde die Frage richtig beantwortet, greift das Kind in das Säckchen, um die größere Zwillings-Form zu ertasten. Zur Kontrolle holt es die Form heraus und vergleicht diese mit der Form auf dem Spielplan. Hat es richtig getastet, legt es die Form in das Säckchen zurück und das nächste Kind setzt das Würfelspiel fort.
Wenn nicht, legt es die falsche Form in das Säckchen zurück und stellt die gesuchte Form stattdessen mit seinem Körper dar, indem es z. B. mit den Armen einen großen Kreis bildet, ein Dreieck mit den Fingern zeigt etc. Dabei darf es sich auch ein weiteres Kind zu Hilfe holen.
Das Spiel ist beendet, wenn jedes Kind wenigstens einmal eine Form richtig ertasten konnte.

Bunter Formensalat

Wer von den Kindern kann den buntesten Formensalat zubereiten? Nur wer sich gleich auf den Formen-Weg macht, um Formen in den verschiedensten Farben zu ergattern, wird die Aufgabe meistern.

Alter: ab 5 Jahren
Material: 24 bunte Formen (→ S. 40), DIN-A4-Papier, Buntstifte in Rot, Blau und Gelb, 1 Spielfigur pro Kind, Augenwürfel
Anzahl: ab 2 Kindern

Vorbereitung
Die Spielleitung legt einen Zickzack-Weg aus den Formen. Dabei achtet sie darauf, dass nicht die gleichen Formen hintereinander folgen.
Auf ein zusätzliches Blatt Papier zeichnet sie eine große Salatschüssel, in der sich alle 24 Formen befinden, allerdings noch ohne Farben, also drei kleine Kreise, drei große Kreise, drei kleine Rechtecke, drei große Rechtecke usw. Dieses Blatt kopiert sie einmal für jedes Kind.

Spielablauf
Die Kinder stellen ihre Spielfiguren vor der ersten Form des Zickzack-Wegs auf und legen die kopierte Formen-Salatschüssel neben sich.
Ein Kind würfelt und rückt mit seiner Spielfigur entsprechend der Augenzahl auf den Formen vor. Steht das Kind z. B. auf einem großen roten Quadrat, darf es eines der großen Quadrate auf seinem Blatt rot ausmalen.
Die Kinder würfeln im Uhrzeigersinn weiter. Ab der zweiten Runde dürfen sie mit ihrer Spielfigur nicht nur in eine Richtung laufen, sondern auch entsprechend der Augenzahl zurückrücken, um möglichst schnell alle verschiedenen Formen auf ihrer Kopie in den drei Farben anmalen zu können.
Kann ein Kind trotzdem in beide Richtungen nur eine bereits in dieser Farbe ausgemalte Form erreichen, bleibt es dort einfach stehen, bis es wieder an der Reihe ist. Wer hat als Erster alle Formen ausgemalt und einen rot-gelb-blauen Formensalat zubereitet?

Klettertisch & Laufparcours
17 bewegte Spiele zur Förderung der Grobmotorik

Kinder haben oft einen enormen Bewegungsdrang und wollen auf lebendige Art spielen. Schwungvolle und schnelle Spiele werden diesem Bedürfnis mehr als gerecht. Sie ermöglichen, dass selbst eine größere Gruppe in Bewegung kommt, voller Freude aufeinander zugeht, voneinander und miteinander lernt. Unabhängig davon fördern Bewegungsspiele grobmotorische Fähigkeiten, die bei den üblichen Tischspielen i. d. R. zu kurz kommen. Somit brauchen Kinder als Ausgleich zu den ruhigeren Spielen eine große und vielseitige Auswahl an bewegungsintensiven Aktivitäten.

In diesem Kapitel werden zahlreiche Bewegungsspiele vorgestellt, bei denen ein oder mehrere Tische auf höchst vielfältige Weise zum Einsatz kommen. Sie bieten sich in Gruppenräumen und Klassenzimmern gleichermaßen an und sind für eine große Anzahl an Kindern geradezu prädestiniert. Da die Spiele nicht mehr nur auf der Tischplatte stattfinden, können die Kinder sich auf unterschiedlichen Raumebenen begegnen und dabei sich selbst und andere immer wieder neu entdecken und erleben. Diese Spiele fördern besonders das Raum-Lage-Bewusstsein, die Kondition und nicht zuletzt die Bewegungsfreude!

Auf den Tisch und los!

Alter: ab 5 Jahren
Material: Handtrommel
Anzahl: ab 4 Kindern

Ein Tisch wird in der Raummitte aufgestellt und die Kinder bewegen sich zum Rhythmus des Trommelspiels gemeinsam darum herum. Stoppt das Trommelspiel, müssen sich alle so schnell wie möglich auf die Tischplatte setzen, sodass die Füße den Boden nicht mehr berühren.
Das Kind, das als letztes noch einen Fuß auf dem Boden hat, setzt sich unter den Tisch und wartet dort so lange, bis es in der nächsten Spielrunde von einem anderen Kind abgelöst wird.

Variante

Beim Trommelstopp kriechen alle Kinder so schnell wie möglich unter den Tisch. Das Kind, das als letztes unter den Tisch krabbelt, hockt sich auf die Tischplatte und wartet dort, bis es in der nächsten Spielrunde von einem anderen Kind abgelöst wird.

Hinweis: Je nach Anzahl der Kinder und der Tischgröße stellt die Spielleitung zwei oder mehr Tische aneinander.

Maulwurfrennen

Zwei Maulwürfe sind fleißig und graben einen Maulwurfsgang. Welcher von beiden legt die längste Strecke unter der Erde zurück?

Alter: ab 4 Jahren
Material: Handtrommel
Anzahl: ab 2 Kindern

Die Kinder bilden mit mehreren Tischen eine Reihe. Zwei Kinder spielen Maulwürfe. Eines kniet sich vor den ersten Tisch und das andere Kind vor den letzten Tisch. Die anderen Kinder setzen sich um die Tischreihe herum auf den Boden.
Erfolgt ein Trommelschlag, krabbeln beide Kinder so schnell wie möglich unter den Tischen hindurch und dabei aufeinander zu. Alle anderen beobachten die Maulwürfe und feuern sie an. Treffen die beiden Maulwurf-Kinder aufeinander, bleiben sie Kopf an Kopf auf der Stelle hocken.
Eines der anderen Kinder misst beide zurückgelegte Strecken nach, indem es mit Riesenschritten jeweils vom Startpunkt aus an den Tischen entlang bis zum Kopf beider Maulwürfe schreitet.
Welcher Maulwurf hat die weiteste Strecke zurückgelegt? Das Sieger-Kind wählt zwei neue Maulwürfe für die nächste Runde aus. Geht das Spiel unentschieden aus, dürfen beide einen neuen Maulwurf auswählen.

Tisch-Fangen

Alter: ab 4 Jahren
Anzahl: ab 5 Kindern

Die Kinder verteilen vier bis fünf Tische im Raum und wählen ein Fänger-Kind aus. Erfolgt der Startpfiff durch die Spielleitung, läuft der Fänger den anderen hinterher, um sie abzuschlagen. Die Kinder laufen vor ihm davon und dürfen sich unter den Tischen in Sicherheit bringen. Dazu kriechen sie unter einen **freien** Tisch und rufen dabei laut: *„Tisch!"* Ist der Fänger nicht mehr in Reichweite, können die Kinder wieder unter ihrem Tisch hervorkriechen und weiterlaufen. Gelingt es dem Fänger, ein Kind abzuschlagen, werden die Rollen getauscht.

Variante für ältere Kinder

Die Kinder dürfen erst wieder unter dem Tisch hervorkriechen, wenn ein anderes Kind einmal über den Tisch geklettert ist – dieses ist dabei aber nicht vor dem Fänger geschützt!

Der Regenschauer

Alter: ab 4 Jahren
Material: Regenstab
Anzahl: ab 3 Kindern

Vorbereitung

Je nach Anzahl der Kinder werden zwei bis drei Tische benötigt, die die Kinder mit genügend Abstand zueinander aufstellen. Zusätzlich stellen sie drei rechteckige Tische so aneinander, dass sie eine Hütte bilden.

Spielablauf

Während alle Kinder im Raum spazieren gehen, erzählt die Spielleitung die folgende Mitmachgeschichte. Die Kinder führen dazu die beschriebenen Bewegungen aus:

„Heute machen wir einen Spaziergang. Wir spüren das weiche Gras unter den Füßen und bewundern die vielen farbenfrohen Blumen um uns herum, die so herrlich duften. Der Himmel ist blau und die Sonne scheint. Wir gehen langsam weiter. Da sehen wir eine Blindschleiche im Gras und schlängeln uns wie diese um die Tischbeine herum. (kurze Pause) Auf einmal verschwindet die Blindschleiche im hohen Gras und wir gehen weiter. Von Ferne sehen wir einen Berg (Tisch), *auf den wir hinauf klettern. Wir stellen uns hin und genießen die Aussicht. (kurze Pause)*
Nach einer Weile klettern wir wieder den Berg hinunter und gehen weiter. Die Sonne verschwindet langsam hinter einer dicken Regenwolke. Und so dauert es auch nicht lange, bis es zu regnen beginnt. (Regenstab) Schnell versuchen wir ins Trockene zu gelangen und laufen zu einer Hütte (drei Tische), *unter deren Dach wir Schutz finden. (kurze Pause)*

Kaum ist der Schauer vorbei, verlassen wir unseren Unterschlupf und hüpfen um die Hütten herum, um uns nach dem Schauer wieder aufzuwärmen. Nun scheint auch die wohltuende Sonne wieder und wir gehen einfach so lange weiter, bis wir einen Grashügel (Tisch) entdecken, auf dem wir uns hinlegen und etwas ausruhen. (kurze Pause)
Die gelben Sonnenstrahlen scheinen angenehm warm auf uns herab. Wir schließen die Augen und lassen unseren Ausflug noch einmal in Gedanken ablaufen, bevor wir schließlich nach Hause gehen."

Hinweis: Die Spielleitung sollte immer dann auf einen Tisch oder auf die drei zusammengestellten Tische deuten, wenn diese in der Mitmachgeschichte zum Einsatz kommen. Auf diese Weise wissen alle Kinder gleich ohne Worte, was zu tun ist.

Die Reise nach Tischlingen

Dieses Spiel verläuft zunächst so ähnlich wie das uralte Spiel „Die Reise nach Jerusalem". Anstelle der Stühle werden jedoch Tische benutzt und die ausscheidenden Kinder bleiben mit einer neuen Aufgabe im Spiel.

Alter: ab 5 Jahren
Material: Handtrommel, 1 Sitzkissen pro Kind, Trillerpfeife
Anzahl: ab 5 Kindern

Die Kinder stellen mehrere Tische in einer langen Reihe wie eine Eisenbahn mit verschiedenen Waggons auf. Unter jeden Tisch werden zwei Sitzkissen gelegt; die Anzahl der Tische und Kissen richtet sich dabei nach der Anzahl der Kinder: Es sollen zwei Kissen weniger ausgelegt werden als Kinder mitspielen.

Ein Kind stellt sich mit der Trillerpfeife als SchaffnerIn neben den Zug. Alle anderen laufen so lange um die Zug-Tischreihe herum, bis der Schaffner laut pfeift und ruft: *„Tischlingen, bitte alle einsteigen!"* Blitzschnell steigen alle in den Zug, um ein freies Kissen zu ergattern. Wer das nicht schafft, spielt in der nächsten Runde den Schaffner.

Hilfe, ein Pirat!

Alter: ab 5 Jahren
Material: lange Papprolle, buntes Papier, Klebstoff, Kopftuch, Handtrommel
Anzahl: ab 5 Kindern

Vorbereitung
Die Kinder bekleben eine Papprolle mit jeder Menge Papierschnipsel, sodass ein buntes „Fernrohr" entsteht.
Im Raum werden mehrere Tische verteilt, die Inseln darstellen. Zudem befindet sich in der Raummitte ein weiterer Tisch als Pirateninsel.

Spielablauf
Bis auf eines gehen alle Kinder als FischerInnen hintereinander her und rudern pantomimisch durch den Raum, als würden sie in einem Boot sitzen. Das einzelne Kind spielt den Piraten und bekommt von der Spielleitung das zu einem Dreieck gefaltete Kopftuch um den Hinterkopf geknotet. Der Pirat sitzt auf seiner Tisch-Insel und beobachtet alle FischerInnen durch sein Fernrohr.
Ertönt ein lauter Trommelschlag, springt der Pirat von seiner Insel, um die FischerInnen mit seinem Piratenschiff zu entern. Die FischerInnen erkennen die Gefahr und laufen rudernd zu einer anderen Tisch-Insel, um sich darauf zu setzen und in Sicherheit zu bringen.

Wurde jedoch ein Kind vom Piraten geschnappt, tauschen beide ihre Rollen. Ansonsten darf der Pirat das Spiel wiederholen.

Tischlein, wechsle dich!

Alter: ab 5 Jahren
Material: Uhr mit Sekundenzeiger
Anzahl: ab 5 Kinderpaaren

Die Kinder bilden Paare, die jeweils einen Tisch erhalten. Sie ordnen die Tische kreisförmig an und achten darauf, dass zwischen den Tischen genügend Abstand bleibt. Alle Paare setzen sich nebeneinander auf ihre Tischplatte.
Ruft die Spielleitung: *„Tischlein, wechsle dich!"*, wechseln alle Paare so schnell wie möglich auf die Tischplatte rechts neben sich. Sitzen alle Kinder, wechseln sie weiter auf Zuruf zum nächsten Tisch usw., bis alle Paare wieder auf ihrem ersten Tisch sitzen. Die Spielleitung stoppt die Zeit: Wie lange brauchen die Paare für eine komplette Runde? In der zweiten Spielrunde versuchen die Kinder ihr Tempo zu steigern.

Variante für ältere Kinder
Das Spiel verläuft ähnlich wie das klassische Spiel „Bäumchen, wechsle dich": Zwei Kinder sitzen in der Mitte ohne Tisch auf dem Boden, alle übrigen Tische sind besetzt. Auf Zuruf wechseln alle Paare die Tische, während das Paar in der Mitte versucht, einen freien Tisch zu ergattern. Das ist nicht einfach, weil sich das Paar einig sein muss, auf welchen Tisch es will!

Tischbein schnappen

Alter: ab 5 Jahren
Material: Bewegungsmusik, Schminkstifte
Anzahl: 5er-Gruppen

Die Kinder bilden Fünfergruppen und stellen sich vor jeweils einen Tisch, den sie umdrehen, sodass dieser mit der Tischplatte auf dem Boden steht.
Zum Rhythmus der Musik laufen alle Gruppen im Uhrzeigersinn um ihren Tisch herum. Drückt die Spielleitung die Pausentaste, suchen sich alle Kinder rasch ein freies Tischbein, vor dem sie stehen bleiben. Das fünfte Kind, das kein freies Tischbein findet, erhält einen Tischbein-Strich mit Schminke auf die Wange.
Es folgt eine weitere Spielrunde mit Musik. Nach vier Durchgängen schauen die Kinder nach, ob jemand es geschafft hat, gar keinen Strich zu bekommen und in allen vier Runden ein freies Tischbein erwischen konnte.

Kommissare, aufgepasst!

Die Kommissare sollen gemeinsam in einem Fall ermitteln und dabei möglichst viele Personen, die verschwunden sind, aufspüren. Welches Kommissariat hat am Ende die beste Spürnase und weiß, wo sich die Personen befinden?

Alter: ab 5 Jahren
Material: Bewegungsmusik (z. B. „Der Kommissar" von Falco), jede Menge grüne Klebepunkte
Anzahl: ab 6 Kindern

Alle Kinder bis auf zwei stellen jeweils einen Tisch hochkant im Kreis auf den Boden und zwar so, dass alle Tischplatten zur Kreismitte zeigen. Zwei Kinder gehen in die Mitte und spielen Kommissare.
Alle anderen Kinder laufen rhythmisch im Außenkreis zur Musik um die Tische herum, während die Kommissar-Kinder dazu im Takt klatschen. Stoppt die Musik, verstecken sich alle Kinder im Außenkreis so schnell wie möglich hinter einem freien Tisch. Wer von den Kommissaren hat gut aufgepasst und weiß, wer sich wo befindet? Nacheinander deuten sie auf die Tische und raten, welche Kinder sich dahinter versteckt halten.
Zur Kontrolle geht die Spielleitung zu den Tischen und bittet die betreffenden Kinder aufzustehen. Für jede richtige Antwort gibt es einen grünen Polizeipunkt für die Kommissare auf den Arm. Anschließend tauschen die beiden Kommissare mit zwei Kindern aus dem Außenkreis ihre Rollen.
Das Spiel ist beendet, wenn möglichst alle Kinder einen oder gar mehrere Polizeipunkte auf dem Arm haben.

Tisch-Parcours

Alter: ab 5 Jahren
Material: Softball, 4 Turnmatten
Anzahl: ab 1 Kinderpaar

Im Bewegungsraum werden fünf Tisch-Stationen aufgebaut. An jeder Station bewältigen zwei Kinder eine Aufgabe, sodass zehn Kinder gleichzeitig in Aktion sein können.

1 Station: Mit vier Tischen eine großzügige Reihe bilden. Die Kinder müssen abwechselnd unter einem Tisch durch und über den nächsten drüber klettern!

2. Station: Einen Tisch hochkant auf den Boden stellen und einen Softball bereithalten. Zwei Kinder stellen sich vor jeder Tischseite einander gegenüber auf und werfen sich den Ball über den Tisch hinüber zu. Dabei sollte der Ball so selten wie möglich den Boden berühren.

3. Station: Ein kleiner Tisch steht in einer Raumecke und muss von zwei Kindern einmal von einer Raumecke zur anderen getragen werden. An jeder Raumecke wird der Tisch ganz kurz (oder zum Verschnaufen länger) abgesetzt, bis er wieder in der Ausgangsecke steht.

4. Station: Den Tisch herumdrehen, sodass die Tischplatte auf dem Boden steht. Die Kinder hüpfen abwechselnd eine Runde mit dem linken Fuß um die Platte herum, dann andersherum eine Runde mit dem rechten Fuß. Dabei berühren sie kurz die einzelnen Tischbeine mit einer Hand.

5. Station: Vier Turnmatten werden um einen rechteckigen Tisch auf dem Boden platziert. Die Kinder legen sich der Länge nach auf die kurze Seite der Tischplatte, strecken die Arme nach oben und rollen sich über die Seite bis zum Ende der Tischplatte. Die Spielleitung steht als Sicherung bereit, damit kein Kind beim Rollen versehentlich herunterfällt.

Die Spielleitung gibt nach jeweils 2 Min. ein Signal zum Wechseln der Stationen. Das Spiel ist beendet, wenn alle Stationen durchlaufen wurden.

Hinweis: Spielen mehr als zehn Kinder mit, können Stationen zweimal aufgebaut oder neue Stationen entwickelt werden.

Fuchs im Bau

Ein Fuchs sitzt in seinem Bau und sieht, wie die Hasen vergnügt auf dem Feld herumspringen. „Was für Leckerbissen!", ruft er laut und macht sich gleich auf die Hasenjagd …

Alter: ab 4 Jahren
Anzahl: ab 5 Kindern

Die Kinder stellen einen Tisch in die Raummitte als Unterschlupf für die Hasen-Kinder.
Ein Kind sitzt als Fuchs in seinem Bau unter einem Tisch direkt vor einer Wand. Zunächst springen alle Hasen-Kinder ahnungslos auf dem Feld herum. Dies ändert sich jedoch, wenn der Fuchs die fette Beute wittert und ohne Vorwarnung aus seinem Fuchsbau springt, um ein Hasen-Kind zu fangen. Die Hasen-Kinder laufen weg und können sich, sobald der Fuchs ihnen zu nahe kommt, unter dem Tisch in der Raummitte in Sicherheit bringen.
Sollte der Unterschlupf allerdings bereits von drei Hasen-Kinder besetzt sein, müssen die übrigen weiterlaufen und hoffen, dass bald ein Platz frei wird. Wurde eines der Kinder gefangen, tauscht es mit dem Fuchs die Rollen. Der neue Fuchs startet wieder in seinem Bau.

Frachtschiff beladen

Alter: ab 5 Jahren
Material: 12 Umzugskartons oder große Schaumstoff-Elemente, Time Timer oder Eieruhr
Anzahl: ab 4 Kindern

Die Kinder verteilen die Umzugskartons im Raum und stellen einen Tisch umgedreht mit der Tischplatte auf den Boden.
Die Kinder spielen Schiffsbeladung im Hafen. Die Spielleitung stellt den Wecker auf 1 Min., in der die Kinder das Frachtschiff – die Tischplatte – so schnell wie möglich mit den Kartons beladen sollen. Sie laufen zu den Kartons, bringen sie zum Schiff und stapeln sie so gut wie möglich aufeinander.
Das Frachtschiff läuft aus, wenn es komplett beladen wurde und die Zeit noch nicht abgelaufen ist. Klingelt der Wecker vorher, zählen die Kinder die Kartons, die sich noch im Hafen befinden, und versuchen in der nächsten Spielrunde das Frachtschiff schneller zu beladen.

Variante

Zwei gleich große Gruppen treten gegeneinander an und versuchen jeweils ihr Schiff bzw. ihre umgedrehte Tischplatte so schnell wie möglich zu beladen. Welche Gruppe wird wohl zuerst alle Kartons auf der Tischplatte stapeln?

Hinweis: Die Zahl der Umzugskartons und der vorgegebenen Zeit ist natürlich abhängig von der Anzahl der Kinder!

Raupenlauf zum Apfelbaum

Zwei kleine Raupen haben mächtigen Hunger und sehen bereits von Ferne einen riesigen Apfelbaum, an dem jede Menge saftige Äpfel hängen. Welche Raupe wird als erste in einen saftigen Apfel hineinbeißen können?

Alter: ab 5 Jahren
Material: Tapetenrolle, Wachsmalstifte, Klebestreifen, je 1 Apfel für die Hälfte der Kinder, Schale
Anzahl: ab 6 Kindern (gerade Anzahl)

Vorbereitung

Die Kinder malen einen großen Apfelbaum auf ein Stück Tapetenrolle und hängen ihn auf eine freie Wandseite. Am Fuß des Baums wird die Schale mit den Äpfeln aufgestellt. Davor bilden die Kinder zwei Reihen aus je fünf Tischen. Alle fünf Tische werden mit genügend Abstand zueinander und zum Baum aufgestellt.

Spielablauf

Die Kinder bilden zwei gleich starke Teams, von denen jedes eine Raupe spielt. Auf ein Kommando der Spielleitung klettern die Kinder der Reihe nach abwechselnd über und unter den Tischen hindurch – die Raupe zieht sich zusammen und wölbt sich hoch. Welche Raupe steht als erste komplett vor dem Apfelbaum und darf sich zur Belohnung durch die Äpfel fressen?

Trommel-Regen

Dieses Spiel verläuft ähnlich wie das altbekannte Spiel „Feuer, Wasser, Sturm".

Alter: ab 4 Jahren
Material: Handtrommel
Anzahl: ab 6 Kindern

Für drei bis vier Kinder wird jeweils ein Tisch aufgestellt.
Die Spielleitung gibt mit der Handtrommel den Rhythmus vor, zu dem sich die Kinder im Takt durch den Raum bewegen. Stoppt das Trommelspiel, bleiben alle Kinder stehen und reagieren auf eines der drei Stichwörter:

- **Regen:** Alle Kinder krabbeln so schnell wie möglich unter einen Tisch.
- **Hochwasser:** Alle Kinder setzen sich schnell auf die Tischplatte, sodass die Füße nicht den Boden berühren.
- **Überschwemmung:** Alle Kinder stellen sich mit dem Rücken möglichst nah an eine Tischkante, um ihr Haus bzw. den Tisch vor der Überschwemmung zu schützen.

Konnten alle Kinder richtig reagieren, startet wieder das Trommelspiel, zu dessen Rhythmus sich alle erneut bis zum nächsten Stopp durch den Raum bewegen.

Tisch-Rollball

Alter: ab 4 Jahren
Material: 1 kleiner Softball pro Kind
Anzahl: ab 5 Kindern

Alle Kinder spielen Tisch-Rollball. Dazu kniet sich ein Kind als Torwart direkt vor einen rechteckigen Tisch als Tor. Alle übrigen Kinder knien sich mit einem Softball ca. 3 m entfernt gegenüber auf den Boden.
Nacheinander rollen sie den Softball mit der Hand ins Tor. Kann der Torwart das verhindern und die Bälle fangen? Rollt ein Ball unter dem Tisch durch, tauscht der Torschütze mit dem Torwart den Platz.
Ab der zweiten Runde dürfen immer zwei Kinder gleichzeitig einen Ball auf das Tor zurollen, sodass der Torwart besonders wachsam und schnell sein muss.

Unter dem Tisch

Alter: ab 5 Jahren
Material: blickdichte, große Decke oder Leintuch, Augenbinde, Triangel
Anzahl: ab 12 Kindern

Alle Kinder bilden einen Kreis um einen Tisch herum, über den die Spielleitung eine Decke oder ein Leintuch ausbreitet, sodass die Enden den Boden streifen.
Ein Kind geht in die Kreismitte und lässt sich die Augen verbinden. Die Spielleitung deutet auf ein Kind im Kreis, das sich leise unter dem Tisch versteckt. Die Lücke im Kreis schließen die Kinder, indem sie etwas zusammenrücken.
Die Spielleitung schlägt die Triangel an, woraufhin das Kind in der Mitte seine Augenbinde abnimmt und sich genau umguckt: Welches Kind hat sich unter dem Tisch versteckt und fehlt im Kreis? Sollte es das gesuchte Kind nicht entlarven können, gibt die Gruppe ein paar Hinweise, indem sie das Kind beschreibt.

Tisch-Staffellauf

Kinder, die kurz vor dem Schuleintritt stehen oder bereits die Grundschule besuchen, haben besonders viel Spaß an Teamspielen, bei denen sie sich als Teil der Gruppe erleben und mit vereinten Kräften gewinnen können.

Alter: ab 5 Jahren
Material: Trillerpfeife, 2 Softbälle, 2 Holzstäbe
Anzahl: ab 8 Kindern (gerade Anzahl)

Die Kinder bilden zwei gleich große Gruppen, die jeweils vier Tische mit genügend Abstand zueinander in zwei Reihen aufstellen. Den zweiten Tisch aus jeder Reihe stellen sie mit der Tischplatte auf den Boden und auf den vierten Tisch legen sie einen Softball.

Die beiden ersten Kinder aus jeder Gruppe stellen sich ca. 1 m entfernt mit einem Holzstab vor ihren Tischen auf und laufen los, sobald der Startpfiff erfolgt. Sie haben folgende Aufgaben:

1. Tisch: unter dem Tisch hindurchkriechen
2. Tisch: um den Tisch herumlaufen und dabei jedes Tischbein einmal berühren
3. Tisch: auf irgendeine Art über den Tisch steigen
4. Tisch: den Ball unter dem Tisch durchrollen, um den Tisch herumlaufen, dabei den Ball wieder aufheben und auf die Tischplatte legen

Bei allen Tischaktionen müssen die Kinder den Stab in einer Hand halten – fällt der Stab auf den Boden, muss das Kind zurück zum Start. Haben sie den 4. Tisch erfolgreich überwunden, laufen die ersten Kinder aus jeder Gruppe so schnell wie möglich zurück, um den vordersten Kindern den Staffelstab zu übergeben, die damit in Windeseile loslaufen. Auf diese Weise wird das Spiel so lange weitergeführt, bis eine Gruppe wieder auf ihrem Ausgangsplatz steht. Die Gruppe, der das am schnellsten gelingt, gewinnt den Tisch-Staffellauf.

Hinweis: Die Staffellauf-Ideen können jederzeit verändert, ergänzt und erweitert werden. Zudem können noch weitere Tische für den Staffellauf benutzt werden.

Tischtrommel & Notenpuzzle

16 Spiele zum Musizieren, Lauschen und Tanzen

Ob allein oder in der Gruppe – Musik machen bringt Freude und bewirkt, dass Rhythmus- und Taktgefühl geschult und nicht zuletzt motorische, sprachliche und mathematische Fähigkeiten gefördert werden. Es liegt also auf der Hand, dass das Musizieren die Intelligenz und die musische Entwicklung von Kindern fördert und daher einen besonderen Stellenwert im pädagogischen Alltag haben muss.

Die folgenden Spiele zum Musizieren, Lauschen und Tanzen zeigen, wie Kinder am und mit dem Tisch auf vielfältige Weise in die Welt der Klänge, Töne und Geräusche eintauchen können. In diesem Zusammenhang lernen die Kinder auch ihren eigenen Körper als Musikinstrument einzusetzen. Der kreative Umgang mit Musik macht sehr viel Spaß und fördert das Rhythmusgefühl, das gegenseitige Zuhören, die musikalische Ausdrucksfähigkeit und nicht zuletzt das gute Miteinander. Auf diese Weise werden Kinder mit großem Eifer und besonders viel Freude an die Musik herangeführt und in ihren musikalischen Fähigkeiten gestärkt.

Körpergeräusch-Silbenlotto

Alter: ab 6 Jahren
Material: viele Spielechips
Anzahl: ab 2 Kindern

Vorbereitung
Die Spielleitung kopiert die Vorlage von S. 56 einmal für jedes Kind. Die Kinder schneiden die einzelnen Bildkarten aus und legen sie nebeneinander direkt vor sich auf den Tisch.
In der Mitte des Tischs werden die Spielechips ausgelegt.

Spielablauf
Alle Kinder schließen ihre Augen und lauschen. Währenddessen sagt die Spielleitung passend zu einer Bildkarte z. B.: „*Mar-me-la-de*". Dabei kann sie zu jeder Silbe …
- mit der Hand auf die Tischplatte schlagen,
- zwei Hände gegeneinanderreiben,
- mit der Faust auf den Tisch schlagen,
- mit den Ellenbogen auf die Tischplatte klopfen,
- mit dem Zeigefinger auf die Tischplatte tippen,
- mit dem Fuß auf den Boden stampfen.

Alle Kinder öffnen ihre Augen und suchen nach dem passenden Bild vor sich, das sie mit dem Körpergeräusch verbinden. Darauf platzieren sie so viele Spielechips, wie das gerade gehörte Wort Silben hat. Zur Kontrolle wiederholt die Spielleitung das Wort auf die gleiche Art und streckt zu jeder Silbe einen Finger aus. Die Kinder, die die Anzahl der Silben richtig gehört haben, legen die Spielechips zurück und drehen die Bildkarte um. Alle übrigen Kinder lassen ihre Bildkarte offen vor sich liegen.
Die Kinder schließen erneut ihre Augen und die Spielleitung stellt ein neues Wort mit einem anderen Körpergeräusch vor.
Nach sechs Durchgängen schauen die Kinder nach, ob alle Kärtchen verdeckt vor ihnen liegen. Falls ja, haben sie das Spiel mit Bravour gemeistert!

Variante für jüngere Kinder
Die Spielleitung macht ausschließlich ein Körpergeräusch vor und die Kinder legen einen Spielechip auf die dazu passende Bildkarte.

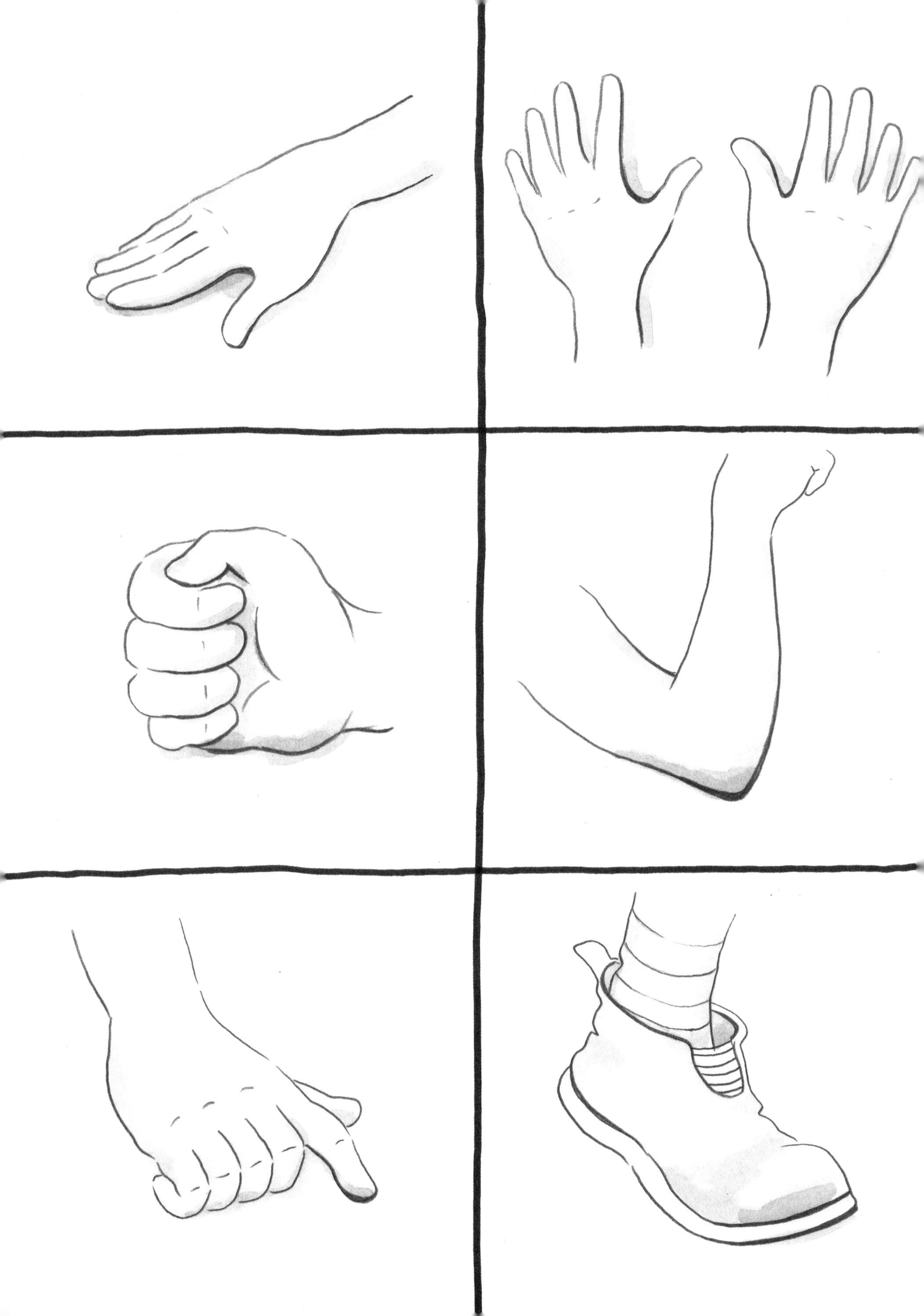

TISCHTROMMEL & NOTENPUZZLE
57

Bilder-Rhythmus

Alter: ab 4 Jahren
Material: weißes DIN-A4-Tonpapier, Klebstoff, Bewegungsmusik
Anzahl: ab 3 Kindern

Vorbereitung
Die Spielleitung kopiert die Vorlage von ➔ S. 56, klebt sie auf Tonpapier und schneidet die einzelnen Bilder aus.

Spielablauf
Die Kinder überlegen gemeinsam, wie sie mit den abgebildeten Körperteilen auf jeder Karte den Rhythmus einer Musik begleiten können (vgl. S. 55).

Sie mischen die Karten und legen sie umgedreht auf den Tisch. Erklingt die Musik, deutet die Spielleitung auf ein Kind, das eine beliebige Karte umdreht. Ist z. B. ein Fuß abgebildet, stampfen alle rhythmisch auf den Boden oder machen eine andere Bewegung, die sie sich zu Beginn ausgedacht haben.

Verdeckt das Kind die Karte wieder, hören alle mit der Bewegung auf und das Kind links neben ihm dreht die nächste Karte um. Welches Körpergeräusch ist jetzt gefragt?

Wetter-Klanggeschichte

Alter: ab 4 Jahren
Anzahl: ab 2 Kindern

Die Kinder sitzen so am Tisch, dass sie sich gegenseitig gut sehen können. Die Spielleitung lädt die Kinder zu der Klanggeschichte ein, bei der sie das Wetter ankündigt und dabei folgende Bewegungen macht, die die Kinder gleich nachahmen:

„Früh am Morgen, wenn der Hahn kräht, fallen die ersten Regentropfen. (mit den Fingerspitzen leicht gegen die Tischplatte klopfen) *Am Vormittag regnet es immer stärker.* (immer stärker mit den Fingerspitzen auf die Tischplatte klopfen) *Erst zur Mittagszeit hört der Regen langsam auf.* (mit den Fingerspitzen immer sanfter gegen die Tischplatte klopfen und dann aufhören) *Am Nachmittag kommt ein heftiger Wind von Norden auf.* (mit der flachen Hand kreisförmig und mit etwas Druck über die Tischplatte reiben) *Es donnert und blitzt.* (mit den Fäusten auf die Tischplatte trommeln, mit der flachen Hand ruckartig über die Tischplatte reiben) *Am Spätnachmittag ist das Unwetter vorbei. Ein schöner Regenbogen ist am Horizont zu sehen.* (die flache Hand im Halbkreis über die Tischplatte führen) *Allmählich wird es Abend. Die Sonne geht unter und alle legen sich zur Ruh'.* (die Arme auf der Tischplatte verschränken, den Kopf auf die Arme legen und dabei laut schnarchen)

Erkennst du den Klang?

Hier lernen die Kinder verschiedene Instrumente bewusst kennen und an ihrem Klang unterscheiden.

Alter: ab 5 Jahren
Material: 1 Augenbinde und 1 Bleistift pro Kind, Handtrommel, Schellenkranz, Ocean-Drum, 1 Paar Klangstäbe, Triangel, 2 Finger-Zimbeln, Blockflöte, Glockenspiel, Mundharmonika
Anzahl: ab 2 Kindern

Vorbereitung
Die Spielleitung kopiert die Vorlage von S. 59 für jedes Kind einmal.

Spielablauf
Alle Kinder erhalten eine Kopie, einen Stift und eine Augenbinde, die sie gleich aufsetzen. Die Spielleitung legt die Instrumente in die Tischmitte. Sie lässt eines der Instrumente kurz erklingen, legt es wieder in die Mitte und zählt bis Drei.
Die Kinder nehmen ihre Augenbinden ab und deuten auf das Instrument auf ihren Karten, das sie glauben, gerade gehört zu haben. Zur Kontrolle lässt die Spielleitung das Instrument noch einmal erklingen. Wer richtig getippt hat, streicht das Instrument auf seiner Kopie durch.
Das Spiel wird mit einem neuen Instrument wiederholt und so lange weitergeführt, bis eines oder mehrere Kinder gleichzeitig alle abgebildeten Instrumente durchstreichen konnten.
Hinweis: Fehlt eines der abgebildeten Instrumente, wird dieses vor Spielbeginn einfach durchgestrichen.

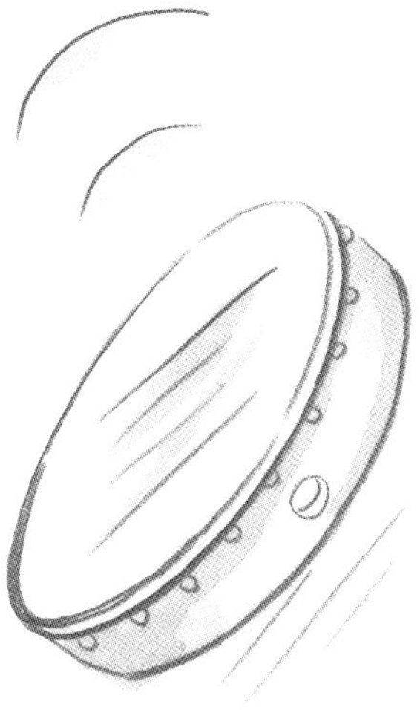
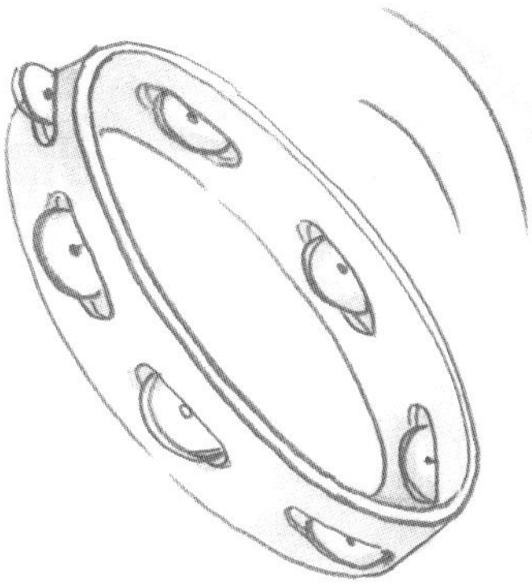
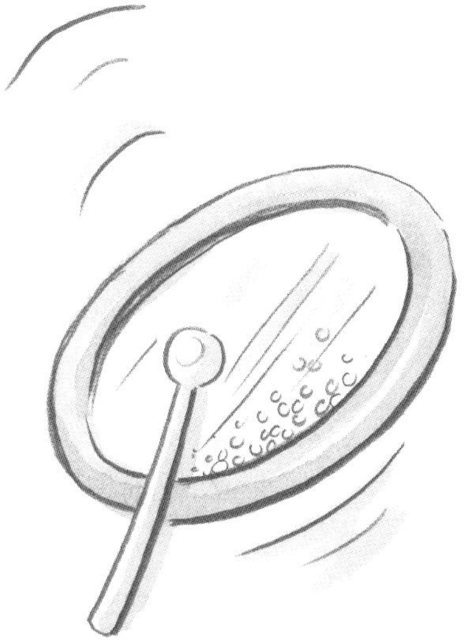
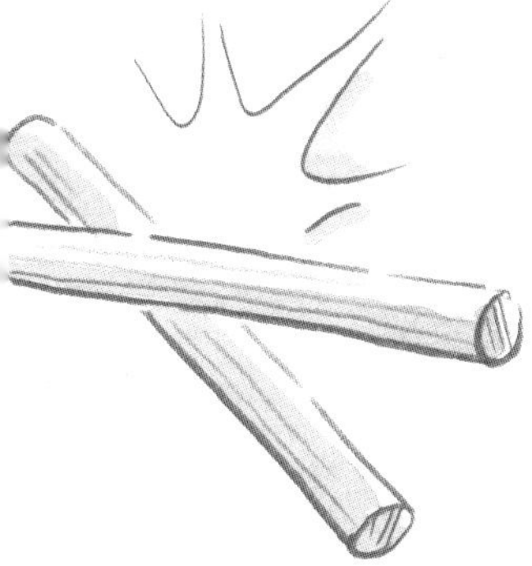
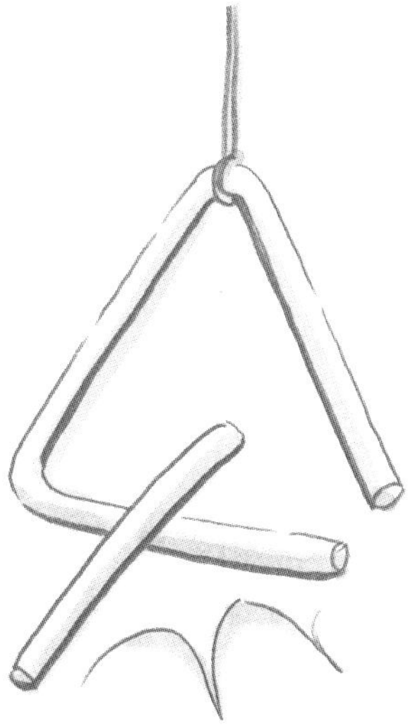
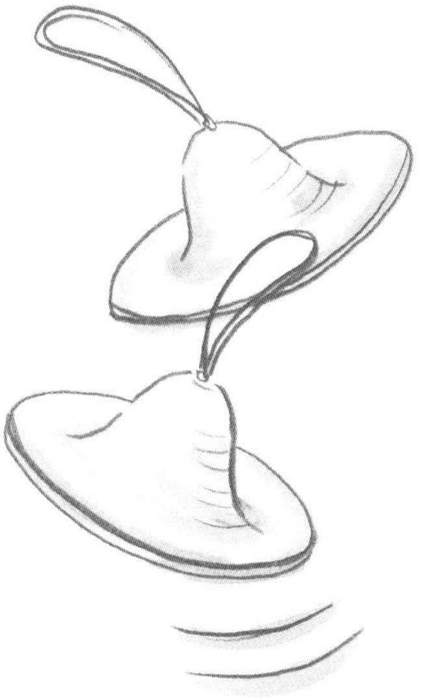
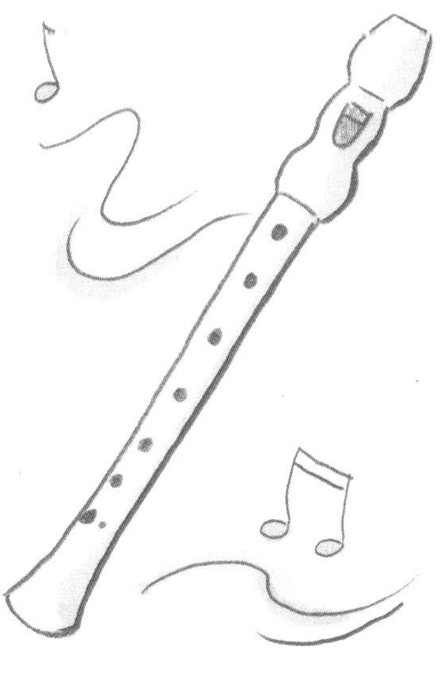
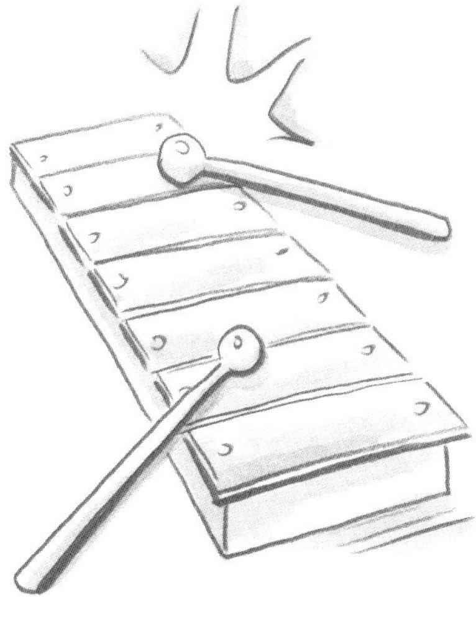
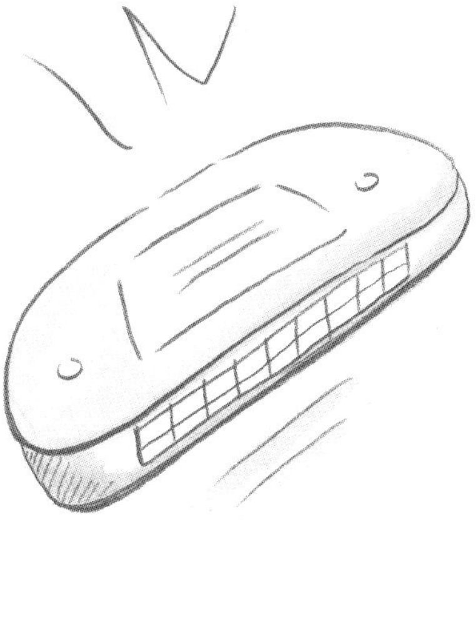

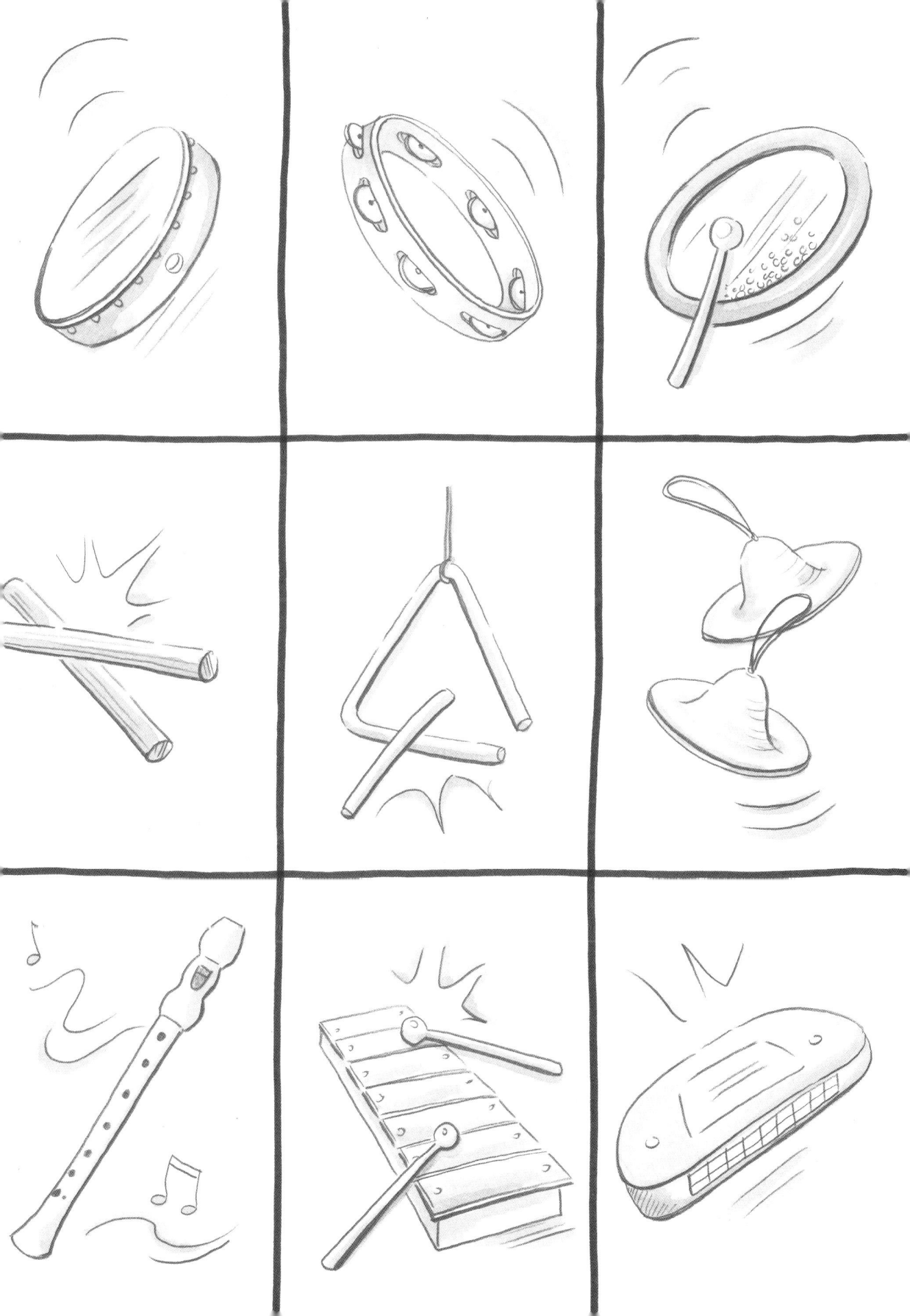

Wie viele Instrumente spielen?

Alter: ab 5 Jahren
Material: Augenbinde, Augenwürfel, (Orff-)Instrumente
Anzahl: ab 7 Kindern

Vorbereitung
Die Spielleitung kopiert die Vorlage von S. 59 und schneidet mind. sechs Bilder mit Instrumenten aus, die in der Einrichtung vorhanden sind.

Spielablauf
Alle Kinder setzen sich um den Tisch und eines bekommt die Augen verbunden. In der Tischmitte liegen die Instrumente bereit. Jedes Instrument ist nur einmal vorhanden. Die Kinder mischen die Karten und verteilen sie verdeckt auf dem Tisch.
Ein Kind würfelt und dreht eine der Augenzahl entsprechende Menge an Karten um. Jedes Kind, das ein Instrument aus der Tischmitte auf einer der umgedrehten Karten entdeckt, nimmt sich das Instrument und lässt es erklingen. Die Spielleitung wartet, bis alle Instrumente zu hören sind, und hebt dann nach einem Moment den Arm. Kann das Kind mit der Augenbinde sagen, wie viele Instrumente es gerade gehört hat? Zur Kontrolle nimmt es die Augenbinde ab und schaut auf die Anzahl der Karten, die offen auf dem Tisch liegen bzw. auf die Kinder mit Instrumenten. Hat es die Aufgabe richtig gelöst, übergibt es seine Augenbinde einem anderen Kind, das das Spiel wiederholt, und alle Kinder legen ihre Instrumente zurück in die Tischmitte. Ansonsten behält das Kind die Augenbinde und beginnt das Spiel von vorn.

Hinweis: Um mögliche Streitigkeiten unter den Kindern zu vermeiden, kann vor Spielbeginn geklärt werden, wer von den Kindern welches Instrument erhält. In diesem Fall müssen jedoch genau sieben Kinder mitspielen.

Wetter-Experte

Alter: ab 5 Jahren
Material: schwarzer Stift, DIN-A4-Papier, 1 Bleistift pro Kind, Regenstab, Triangel, 2 Becken, Handtrommel
Anzahl: ab 3 Kindern

Vorbereitung
Die Spielleitung zeichnet mit dem schwarzen Stift auf ein DIN-A4-Blatt fünf gleich große Spalten. In die erste Spalte zeichnet sie Regentropfen, in die zweite eine Sonne, in die dritte einen Blitz, in die vierte einen Wirbelsturm und in die fünfte Hagelkörner. Sie unterteilt die Spalten in fünf Zeilen und macht für jedes Kind eine Kopie.

Spielablauf
Die Kinder probieren die Instrumente aus und überlegen, zu welchem Wetter die Klänge passen könnten. Gemeinsam mit der Spielleitung vereinbaren sie die folgenden Bewegungen:
Regentropfen = Finger auf und ab bewegen = Regenstab langsam umdrehen
Sonne = eine Hand zum Strahlen ausstrecken = Triangel einmal anschlagen
Blitz = Handflächen ruckartig gegeneinander reiben = zwei Becken gegeneinander schlagen

Wirbelsturm = Zeigerfinger kreisförmig in der Luft bewegen = mit der flachen Hand kreisförmig über die Trommel reiben

Hagelkörner = Fäuste auf und ab bewegen = mit den Fingerspitzen heftig auf die Trommel schlagen

Die Kinder sitzen mit dem Rücken zur Spielleitung, die nun das Wetter ankündigt und eines der Instrumente wie beschrieben erklingen lässt. Wer weiß, welches Wetter wir heute haben, macht die zugehörige Bewegung und ein Kreuz in der ersten Zeile unter dem richtigen Symbol.

Sind alle Kinder fertig, drehen sie sich um und die Spielleitung lässt das Instrument noch einmal erklingen. Dazu zeigt sie die passende Bewegung und benennt das Wetter. Die Kinder, die ihr Kreuz in der richtigen Spalte gemacht haben, machen einen Haken dazu.

Die Spielleitung setzt das Spiel mit einem neuen Instrument fort. Nach fünf Durchgängen zählen die Kinder ihre Haken und sind gespannt, wer von ihnen der beste Wetter-Experte ist.

Zum Rhythmus der Musik

Alter: ab 5 Jahren
Material: Bewegungsmusik
Anzahl: ab 2 Kindern

Die Kinder setzen sich mit der Spielleitung so an ein oder mehrere Tische, dass sie sich gegenseitig gut sehen können, z. B. durch eine Tischaufstellung in U-Form.

Die Spielleitung schaltet die Musik ein, zu deren Rhythmus sie z. B. mit den Fingerspitzen, Fäusten oder Ellenbogen auf die Tischplatte klopft. Die Kinder ahmen ihre Bewegungen so lange nach, bis die Spielleitung ihre Arme rhythmisch durch die Luft schwenkt und dann entweder ihrem rechten oder linken Nachbarn auf die Schulter klopft oder auf ein anderes Kind deutet, das das Spiel mit einer anderen Bewegung fortsetzt. Das Spiel ist aus, wenn das Lied beendet ist.

Variante für ältere Kinder

Anstelle der Musik singen die Kinder ein bekanntes Bewegungslied wie z. B. „Es tanzt ein Bi-Ba-Butzemann" oder „Hänschen Klein" und begleiten das Lied zusätzlich mit wechselnden rhythmischen Bewegungen.

Tischbein-Bändertanz

Alter: ab 4 Jahren
Material: 1 Rhythmik-Band pro Kind, ruhige Instrumentalmusik
Anzahl: ab 4 Kindern

Je vier Kinder erhalten einen Tisch, den sie mit der Tischplatte auf den Boden stellen. Sie binden jeweils ein Rhythmik-Band an ein freies Tischbein und halten das andere Ende fest in einer Hand.

Die Spielleitung schaltet die ruhige Musik ein, zu deren Rhythmus ein beliebiges Kind jeder Gruppe mit dem Band in der Hand tanzt. Dabei ahmen alle Kinder seiner Gruppe sämtliche Tanzbewegungen nach. Nach einer Weile dreht die Spielleitung die Musik leiser und nennt aus jeder Gruppe ein neues Kind, das jetzt die Tanzschritte vormacht und dabei auch das Band rhythmisch bewegt, sobald die Musik wieder lauter er-

klingt. Die Kinder machen z. B. folgende Bewegungen zum Nachahmen:
- das Band hochheben und sich unter diesem um die eigene Achse drehen
- in Richtung Stuhlbein gehen und dann so weit zurück, bis das Band straff in der Hand gehalten werden kann
- das Band wellenförmig bewegen
- das Band hin und her oder auf und ab schwingen
- mit dem Band Kniebeugen machen …

Farben-Musik-Stopp

Alter: ab 4 Jahren
Material: Tapetenrolle, Klebestreifen, Wachsmalstifte, Bewegungsmusik
Anzahl: ab 4 Kindern

Je vier Kinder sitzen um ein großes Stück Tapetenrolle herum und nehmen sich Stifte in unterschiedlichen Farben. Zum Rhythmus der Musik malen die Kinder miteinander verschieden große Kreise, Wellen o. Ä. auf das Papier. Nach einer kurzen Weile dreht die Spielleitung die Musik sehr leise, woraufhin alle Kinder mit ihrem Stift einen Platz nach rechts rutschen, sodass sie an einer anderen Stelle desselben Papiers weitermalen, sobald die Musik wieder lauter wird. Erst wenn die Musik beendet ist, stehen die Kinder auf und betrachten ihr gemeinschaftliches Werk von allen Seiten.

Musik-Quiz

Alter: ab 5 Jahren
Material: 24 Karteikarten, Spielfigur, Augenwürfel, Spielechips, Triangel, Blockflöte, Glockenspiel, weitere (Orff-)Instrumente
Anzahl: ab 2 Kindern

Vorbereitung
Die Spielleitung schreibt auf neun Karten folgende Fragen:
- *Kannst du die Melodie „Alle meine Entchen" summen?*
- *Auf welchem Instrument kann man schlagen, streicheln oder kratzen?*
(Handtrommel)

Tischtrommel & Notenpuzzle

- *Schließe deine Augen und finde heraus, auf welchem Instrument ich spiele.*
- *Welches Instrument klingt wie ein Regenschauer?* (Regenstab)
- *Wie heißt das hier liegende dreieckige Instrument?* (Triangel)
- *Welches von diesen Instrumenten hat ein Mundstück?* (Blockflöte)
- *Ich singe dir den Anfang eines Kinderlieds vor. Wie geht das Lied weiter?*
- *Ich spiele auf dem Glockenspiel die C-Dur Tonleiter. Finde die Anzahl der Töne heraus.*
- *Mit welchem Instrument kannst du besonders gut ein Lied begleiten: mit der Handtrommel oder der Triangel?* (Handtrommel)

Spielablauf

Die Spielleitung mischt die beschriebenen unter die leeren Karten und legt alle verdeckt in einer langen Reihe auf dem Tisch aus.

Ein Kind würfelt und rückt mit der Spielfigur entsprechend der Augenzahl auf den Karten vor. Die letzte Karte, auf der die Spielfigur stehen bleibt, dreht es um. Ist die Karte leer, übergibt es den Würfel seinem linken Nachbarkind. Sollte jedoch etwas auf der Karte stehen, liest die Spielleitung die Frage laut vor, die das Würfelkind beantwortet. Stimmt die Antwort nicht, darf ein anderes Kind die Antwort geben. Wer richtig antworten konnte, erhält einen Spielechip. Unabhängig davon gibt das Kind den Würfel nach links weiter, sodass sein Nachbar das Spiel auf die gleiche Art fortsetzen kann.

Das Spiel ist aus, wenn der Weg mit der Spielfigur einmal vor- und wieder zurückgelaufen wurde. Wer jetzt die meisten Spielechips hat, ist Musik-Quiz-SiegerIn!

Klanglauscher

Bei diesem Spiel müssen die Kinder sehr aufmerksam sein, um die Richtung der Kugel am Klang zu erkennen.

Alter: ab 4 Jahren
Material: 1 Augenbinde pro Kind, 1–2 Klangmurmeln, Time Timer oder Eieruhr
Anzahl: ab 4 Kindern

Je vier Kinder sitzen mit verbundenen Augen am Tisch und eines bekommt eine Klangmurmel in die Hand. Die Spielleitung stellt den Wecker auf 3 Min.
Die Kinder rollen sich die Klangkugel behutsam auf der Tischplatte gegenseitig zu. Fällt die Kugel dabei aus Versehen auf den Boden, ist die Spielrunde vorzeitig beendet. Nur wenn die Kugel so lange auf der Tischplatte bleibt, bis die Zeit abgelaufen ist, hat die Gruppe das Spiel gewonnen.

Variante für ältere Kinder

Es werden zwei Kugeln gleichzeitig eingesetzt. Das Spiel verläuft wie oben beschrieben, allerdings müssen die Kinder nun noch aufmerksamer sein.

Rhythmus-Karten

Alter: ab 4 Jahren
Anzahl: ab 2 Kindern

Vorbereitung

Die Spielleitung kopiert die Vorlage von S. 56 viermal. Sie schneidet die Bildkarten aus, mischt sie und verteilt sie verdeckt auf dem Tisch.

Spielablauf

Die Spielleitung klatscht einen einfachen Rhythmus. Währenddessen dreht ein Kind irgendeine Karte um. Sind z. B. zwei Hände zu sehen, steigt das Kind in den Rhythmus ein, indem es beide Hände rhythmisch gegeneinanderreibt. Die Spielleitung jedoch bleibt beim Klatschen.
Kann das Kind den Rhythmus trotz unterschiedlicher Bewegungen eine kurze Weile halten, bekommt es die Karte. Wenn nicht, dreht es die Karte einfach wieder um. Unabhängig davon klatscht die Spielleitung nun einen neuen Rhythmus vor. Das linke Nachbarkind dreht eine andere Karte um und stampft den Rhythmus z. B. mit dem Fuß mit. Wer hat am Ende die meisten Karten ergattert?

Wer trommelt vor?

Dieses Spiel verläuft so ähnlich wie „Der stille Dirigent". Allerdings geht es hier alles andere als leise zu!

Alter: ab 5 Jahren
Material: Augenbinde, Time Timer oder Eieruhr
Anzahl: ab 4 Kindern

Die Spielleitung verbindet dem ältesten Kind die Augen und stellt die Uhr auf 1 Min.
Sie deutet auf ein Kind, das z. B. einen einfachen Rhythmus mit den Händen auf die Tischplatte patscht, mit den Fingern auf die Tischkante tippt oder mit den Fingerknöcheln auf die Tischplatte klopft. Alle übrigen Kinder ahmen den Rhythmus nach. Wechselt das Kind die Bewegung, passen alle Kinder ihre Bewegung so schnell wie möglich an.
Sobald der erste Rhythmus in der ganzen Gruppe steht, nimmt die Spielleitung dem ältesten Kind die Augenbinde ab, damit es die Gruppe genau beobachten kann. Findet es heraus, welches Kind den Rhythmus und die Bewegungen vorspielt, bevor die Zeit abgelaufen ist?
In der nächsten Runde bekommt ein anderes Kind die Augen verbunden und die Spielleitung sucht ein neues Kind aus, das den Rhythmus vorgibt.

Notenspiel

Alter: ab 4 Jahren
Material: roter Buntstift, 1 Spielfigur pro Kind, Augenwürfel, Glockenspiel mit 8 Einzeltönen diatonisch (C-Dur-Tonleiter) mit Schlägel
Anzahl: ab 2 Kindern

Vorbereitung
Die Spielleitung kopiert das Lied von S. 66 auf DIN A3 vergrößert und zeichnet jede zweite Note rot nach.

Spielablauf
Die Kinder stellen ihre Spielfiguren vor die erste Note des Liedes. Ein Kind würfelt und rückt entsprechend der Augenzahl mit seiner Spielfigur auf den Noten vor. Bleibt es auf einer schwarzen bzw. einer weißen (halben) Note stehen, ist das Kind rechts neben ihm mit Würfeln an der Reihe. Steht es auf einer roten Note, erhält es von dem Kind links neben ihm eine musikalische Aufgabe, z. B.: Es soll die erste Strophe eines Liedes singen, einen Rhythmus mit den Füßen stampfen, einen Rhythmus nachklatschen, die C-Dur-Tonleiter auf einem Glockenspiel spielen oder ein paar Töne auf dem Glockenspiel nachspielen …
Kann das Kind die Aufgabe gut meistern, darf es auf der Note mit seiner Spielfigur stehen bleiben. Falls nicht, muss es die Spielfigur wieder auf den Ausgangsplatz stellen. Danach erhält das Kind rechts neben ihm den Würfel.
Wer zuerst mit seiner Spielfigur auf der letzten Note steht, gewinnt das Notenspiel. Spielen mehr als zwei Kinder mit, spielen die übrigen Kinder weiter, bis alle fertig sind.

ALLE MEINE ENTCHEN...

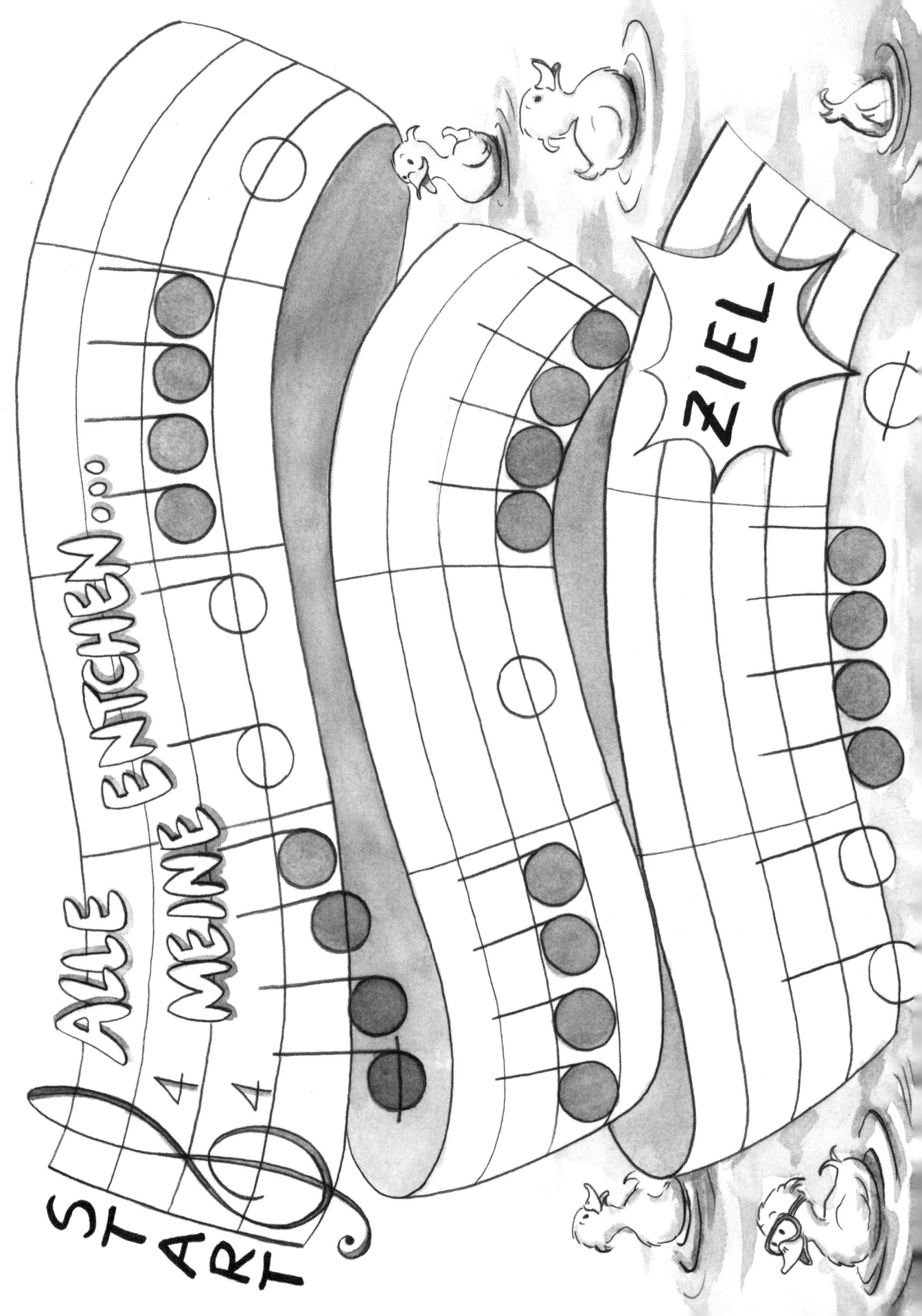

START

ZIEL

Tonleiter-Spiel

Alter: ab 6 Jahren
Material: weißes DIN-A4-Tonpapier, Glockenspiel mit 8 Einzeltönen diatonisch (C-Dur-Tonleiter) mit Schlägel, Time Timer oder Eieruhr, Spielfigur, Augenwürfel
Anzahl: ab 2 Kindern

Vorbereitung
Die Spielleitung zeichnet auf das Tonpapier die Umrisse der 8 Klangplatten auf, sodass sie wie beim Glockenspiel nebeneinander angeordnet sind. Auf die Tonpapier-Klangplatten schreibt sie außerdem die passenden Tonnamen.

Spielablauf
Die Kinder legen die Klangplatten neben das Glockenspiel und den Spielplan in die Tischmitte. Währenddessen stellt die Spielleitung den Wecker auf 10 Min.
Das Kind, das die Anzahl der Klangplatten am schnellsten richtig benennt, erhält die Spielfigur und stellt sie vor die erste aufgezeichnete Klangplatte, das tiefe C. Es würfelt und rückt entsprechend der Augenzahl auf den Klangplatten vor. Die Klangplatte, auf der die Spielfigur stehen bleibt, fügt das Kind in das Glockenspiel ein, schlägt sie kurz an und benennt den Ton.
Anschließend würfelt das nächste Kind, das je nach Augenzahl mit der Spielfigur auf dem Klangplatten-Spielplan vor- oder auch zurückgehen kann! Ziel ist es, möglichst schnell alle Klangplatten wieder in das Glockenspiel einzufügen und die Töne der Reihe nach anzuschlagen. Gelingt das, bevor die Zeit abgelaufen ist?

Notenpuzzle

Bei diesem Spiel lernen die Kinder, Noten anhand ihrer Tonhöhe und ihres Notenwerts zu unterscheiden. Sie vergleichen im Notenbild: Liegt die gesuchte Note genau auf der richtigen Linie oder genau zwischen den richtigen Linien? Ist ihr Kopf gefüllt oder leer und hat die Note einen Hals?

Alter: ab 6 Jahren
Material: Time Timer oder Eieruhr
Anzahl: ab 2 Kindern

Vorbereitung
Die Spielleitung kopiert die Vorlage von S. 66 zweimal auf DIN A3 vergrößert. Von dem einen Liedblatt schneidet sie alle Noten so aus, dass der Notenlinien-Zusammenhang sichtbar bleibt.

Spielablauf
Alle Noten werden verdeckt auf den Tisch gelegt und die Spielleitung stellt den Wecker auf 10 Min.
Ein Kind dreht eine Note um. Ist es die Note, die als erste auf dem Notenblatt steht, legt es diese auf die erste Note. Falls nicht, legt es die Note wieder verdeckt auf den Ausgangsplatz zurück. Danach ist das nächste Kind dran, das eine weitere Note aufdeckt.
Auf diese Weise legen die Kinder nacheinander die Noten auf ihr Notenblatt, bis die Melodie fertig geschrieben oder die Zeit abgelaufen ist. In letzterem Fall bekommen die Kinder noch etwas Zeit gewährt, wenn sie die erste Strophe des Liedes vorsingen können.

Löffel-Balance & Stapel-Geschick
17 Spiele zur Förderung der Feinmotorik

Eine gefestigte Stifthaltung beim Malen, auf einer Linie entlang schneiden, ohne Hilfe eine Schleife binden und mit Besteck richtig umgehen können, sind Indizien, die auf eine gut entwickelte Feinmotorik hinweisen. Dennoch werden längst nicht alle Kinder, die feinmotorische Schwächen und Koordinationsdefizite aufweisen, gleich erkannt. Manchmal fällt erst in der Schule auf, dass manche Kinder z. B. eine verkrampfte Schreibhand haben und häufig die Stifthaltung wechseln.

Die in diesem Kapitel enthaltenen Spiele für die Geschicklichkeit bieten jede Menge Spielspaß, da alle Kinder die einfachen Spielregeln schnell verstehen und von dem interessanten Spielverlauf fasziniert sind. Im Spiel werden feinmotorische Fähigkeiten gefördert, die gerade auch im Hinblick auf das Schreibenlernen bedeutsam sind. Zudem werden Konzentration und Ausdauer und manchmal auch Reaktionsvermögen und Treffsicherheit trainiert. Darüber hinaus gibt es unterhaltsame Pustespiele, die die Mundmuskulatur stärken und die Atmung verbessern. Sie bieten sich insbesondere für Kinder mit Sprechproblemen an.

Farben-Sauger

Alter: ab 5 Jahren
Material: Farbwürfel, 6 Papierreste in den Würfelfarben, 1 Strohhalm und 1 kleine Schale pro Kind
Anzahl: ab 2 Kindern

Alle Kinder reißen sich von jedem Papier ein kleines Stück ab. Sie verteilen alle Schnipsel auf dem Tisch, holen sich jeweils einen Strohhalm und stellen eine Schale vor sich auf den Tisch.
Ein Kind würfelt, woraufhin alle mit ihrem Strohhalm einen der Würfelfarbe entsprechenden Papierschnipsel ansaugen, um ihn in ihrer Schale abzulegen. Papierschnipsel, die dabei wieder auf die Tischplatte fallen, müssen am Rand abgelegt werden.
Anschließend darf ein weiteres Kind würfeln. Wird eine Farbe ein zweites Mal gewürfelt, ist einfach das nächste Kind an der Reihe.
Erst wenn alle Farben an der Reihe gewesen sind, zählen alle Kinder ihre Papierschnipsel, die sie in ihrer Schale haben. Wer konnte in jeder Spielrunde einen Schnipsel ergattern? Niemand? Dann beginnen die Kinder das Spiel am besten gleich noch einmal von vorn!

Turmbau

Alter: ab 5 Jahren
Material: 1–3 flache, große Steine, viele kleinere Steine, Augenwürfel
Anzahl: ab 2 Kindern

Die Kinder legen den größeren Stein als Basis für den Turmbau in die Tischmitte. Ein Kind würfelt und nimmt sich eine der Augenzahl entsprechende Menge an kleinen Steinen. Diese stapelt es vorsichtig auf dem großen Stein zu einem Turm aufeinander. Wie viele Steine kann es stapeln, ohne dass der Turm umkippt? Die Steine kommen wieder zur Seite und das nächste Kind wiederholt das Spiel.
Konnten alle Kinder einmal würfeln und einen Turm bauen, versuchen alle in einer gemeinsamen Schlussrunde ohne Würfel, so viele Steine wie möglich aufeinanderzustapeln.

Variante

Die Kinder bilden zwei bis drei gleich große Gruppen. Ein Kind würfelt und nennt laut die Zahl für alle. Welche Gruppe wird als erste einen Turm mit dieser Steinanzahl auf dem Tisch gebaut haben?

Von Löffel zu Löffel

Alter: ab 5 Jahren
Material: 1 Esslöffel pro Kind, Farbwürfel, 6 Holzperlen in den Würfelfarben, Time Timer oder Eieruhr
Anzahl: ab 5 Kindern

Alle Kinder setzen sich mit einem Löffel an den Tisch, in dessen Mitte die sechs Holzperlen liegen. Die Spielleitung stellt den Wecker auf 5 Min.

Ein Kind würfelt und legt eine der Farbe entsprechende Holzkugel auf seinen Löffel. Diese Kugel wird im Kreis herum von einem Löffel zum anderen weitergereicht. Fällt sie dabei einem Kind herunter, wird die Kugel wieder in die Mitte gelegt und eine neue Würfelrunde beginnt.

Schafft jedoch die Kugel eine Runde, wird sie beiseite gelegt und das nächste Kind würfelt. Wird in den folgenden Runden eine Farbe gewürfelt, zu der es keine Kugel mehr in der Mitte gibt, würfelt einfach das nächste Kind.

Das Spiel ist beendet, wenn die Zeit abgelaufen ist oder alle Kugeln einmal im Uhrzeigersinn herumgereicht wurden – in diesem Fall hat die Gruppe gewonnen!

Hinweis: Je mehr Kinder mitspielen, desto länger muss die Stoppzeit werden!

Wellen, Schleifen & Co.

Alter: ab 5 Jahren
Material: 24 DIN-A7-Karteikarten, 1 liniertes DIN-A5-Papier und 1 Bleistift pro Kind
Anzahl: ab 2 Kindern

Vorbereitung
Die Spielleitung zeichnet auf sieben Karteikarten folgende Formen: einen Kreis, einen Halbkreis, ein Kreuz, eine Spirale, eine Schleife, eine Zickzack-Linie und Wellen. Außerdem zeichnet sie für jedes Kind alle Formen noch einmal auf die DIN-A5-Blätter, und zwar jede Form an den Anfang einer Linie, sodass die Kinder die Reihen fortsetzen können.

Spielablauf
Die Spielleitung verteilt alle Karten umgedreht auf dem Tisch.

Ein Kind dreht eine Karte um. Ist diese weiß, ist das nächste Kind an der Reihe und deckt eine weitere Karte auf. Ist darauf z. B. eine Zickzack-Linie abgebildet, sucht es diese Form auf seinem Papier und zeichnet sie dort erst mit seinem Stift nach, bevor es die Reihe fortsetzt und die Form je nach Platz noch einige Male wiederholt. Anschließend dreht es die Karte wieder um und das nächste Kind deckt eine weitere Karte auf.

Das Kind, das zuerst alle Formen auf seinem Blatt fortsetzen konnte, gewinnt das Spiel. Alle übrigen Kinder machen einfach weiter!

Hinweis: Werden die Karten auf dem Tisch wie Memorykarten in Reihen angeordnet, können sich die Kinder merken, welche Karte wo liegt und welche sie noch nicht aufgedeckt haben.

Perlen auffädeln

Alter: ab 4 Jahren
Material: Perlenschnur, Farbwürfel, 12 große Kunststoffperlen in den Würfelfarben pro Kind (je 2 Perlen pro Farbe)
Anzahl: ab 3 Kindern

Jedes Kind erhält ein Stück Perlenschnur für ein Armband und 12 Perlen.
Reihum würfeln die Kinder und fädeln die Perlen entsprechend den gewürfelten Farben auf. Falls das Würfelkind keine Perle mehr in der gesuchten Farbe hat, darf es sich eine noch nicht aufgefädelte Perle von einem anderen Kind stibitzen!

Das Kind, das zuerst zwölf Perlen auffädeln konnte, verknotet die beiden Schnurenden zu einem Armband. Hat es durch das Stibitzen bei anderen Kindern selbst noch Restperlen übrig, legt es diese in die Mitte. Alle übrigen Kinder spielen so lange weiter, bis auch sie zwölf Perlen auffädeln und somit ihren Schmuck fertigstellen konnten.

Farbenfrohes Schneckenhaus

Dieses Spiel erfordert sehr viel Fingerspitzengefühl und eine gute Auge-Hand-Koordination – nur so erhält die Schnecke ein farbenfrohes Schneckenhaus.

Alter: ab 5 Jahren
Material: schwarzer Stift, DIN-A4-Papier, Farbwürfel, 6 Wollknäuel in den Würfelfarben, Klebstoff
Anzahl: ab 2 Kindern

Vorbereitung

Die Spielleitung zeichnet ein schwarzes spiralförmiges Schneckenhaus auf, dessen Windungen insgesamt eine Länge von ca. 60 cm ergeben. Sie kopiert das Schneckenhaus einmal für jedes Kind.
Von jedem Wollknäuel schneidet sie für jedes Kind ca. 10 cm lange Wollfäden ab.

Spielablauf

Die Kinder setzen sich mit ihrem Schneckenhaus an einen Tisch und legen alle Wollfäden in die Mitte. Ein Kind würfelt und klebt der Farbe entsprechend einen Wollfaden auf seine Spirale, indem es in der Mitte beginnt und die Spiralform nachlegt. Danach würfelt das Kind rechts neben ihm und setzt das Spiel auf die gleiche Art fort. Sollte in den folgenden Runden ein Wollfaden in der gewünschten Farbe fehlen, gibt das betreffende Kind den Würfel einfach weiter.
Erst wenn alle ein spiralförmiges Schneckenhaus aus sechs Wollfäden vor sich liegen haben, vergleichen sie ihre Bilder miteinander: Wer hat das farbenfroheste Schneckenhaus?

Früchtespieß

Dieses Spiel trainiert die Treffsicherheit und die Auge-Hand-Koordination.

Alter: ab 5 Jahren
Material: grüne oder blaue Knetmasse, 3 Holz-Schaschlik-Spieße pro Kind, Augenwürfel
Anzahl: ab 2 Kindern

Vorbereitung

Jedes Kind formt 18 normal große Weintrauben aus Knetmasse.
Die Spielleitung entfernt wegen der Verletzungsgefahr die Spitzen der Schaschlik-Spieße.

Spielablauf

Alle Kinder erhalten drei Spieße und legen ihre Weintrauben in die Tischmitte.
Ein Kind würfelt und spießt mit einer Hand eine der Augenzahl entsprechende Menge Weintrauben auf. Auf diese Weise wird das Spiel im Uhrzeigersinn fortgesetzt. Welches Kind hat als erstes 6 Weintrauben auf allen drei Spießen? Die übrigen Kinder spielen so lange weiter, bis alle ihre Spieße mit 6 Trauben bestückt haben.
In der zweiten Runde geht es rückwärts: Entsprechend der gewürfelten Augenzahl nehmen die Kinder die gesammelten Weintrauben vom Spieß und legen sie wieder in die Tischmitte zurück. Welches Kind hat am schnellsten alle Trauben vom Spieß entfernt und „aufgegessen"?

Kletter-Leiter

Die Hausdächer müssen gerichtet werden und eine dicke Regenwolke ist bereits am Horizont zu sehen. Wer von den Zimmerleuten klettert in Windeseile auf sein Hausdach, um es zu reparieren?

Alter: ab 4 Jahren
Material: schwarzer Stift, DIN-A4-Papier, Farbwürfel, Buntstifte in den Würfelfarben, 1 Spielfigur pro Kind
Anzahl: 2–6 Kinder

Vorbereitung

Die Spielleitung zeichnet den schwarzen Umriss eines Hauses auf, indem sie ein Quadrat mit Tür und Fenster und darauf ein Dreieck zeichnet. Davor zeichnet sie eine an die Hauswand gelehnte Leiter mit insgesamt sechs Sprossen, die direkt zum Dach führen. Sie kopiert die Zeichnung einmal für jedes Kind.

Spielablauf

Die Stifte in den Würfelfarben liegen auf dem Tisch bereit und jedes Kind hat seine Haus-Kopie vor sich liegen.
Ein Kind würfelt. Es malt die erste Sprosse seiner Leiter in der gewürfelten Farbe nach und stellt seine Spielfigur, den Handwerker, darauf. Die Spielleitung achtet darauf, dass die Linie so exakt wie möglich nachgezeichnet wird. Danach übergibt das Kind den Würfel seinem linken Nachbarn. Reihum wird das Spiel auf diese Weise fortgesetzt. Würfelt ein Kind eine Farbe, die es bereits für eine Sprosse verwendet hat, ist das nächste Kind an der Reihe. Das geht so lange, bis eines der Kinder alle sechs Sprossen seiner Leiter in jeweils einer Farbe nachzeichnen und seinen Handwerker auf die letzte Sprosse stellen konnte.

Schneide-Formen

Alter: ab 5 Jahren
Material: 4 DIN-A7-Karteikarten pro Kind, Zirkel, 1 Schere pro Kind, Spielechips o. Ä.
Anzahl: ab 3 Kindern

Vorbereitung
Die Spielleitung zeichnet für alle Kinder auf jeweils vier Karteikarten eine der Grundformen Kreis, Dreieck, Rechteck und Quadrat.

Spielablauf
Die Karten werden gemischt und verdeckt auf dem Tisch verteilt. Alle Kinder erhalten jeweils eine Schere.
Ein Kind dreht eine Karte um und schneidet die abgebildete Form so genau wie möglich aus. Das nächste Kind deckt eine weitere Karte auf und schneidet die Form ebenfalls aus usw.
Sollte in den folgenden Runden ein Kind eine Form zweimal aufdecken, legt es die Karte wieder verdeckt auf den Ausgangsplatz zurück und der Nächste ist dran. Wer zuerst alle vier Formen ausgeschnitten hat, gewinnt das Spiel und bekommt drei Siegchips. Alle anderen spielen bis zum Schluss weiter und erhalten in absteigender Reihenfolge zwei bis einen Chips.
Sobald alle Kinder jeweils vier verschiedene Formen ausgeschnitten haben, vergleichen sie: Wer hat exakter ausgeschnitten? Auch hierfür gibt es wieder ein bis drei Siegchips. Wer gewinnt das Spiel?

Tore pusten

Alter: ab 5 Jahren
Material: Schuhkarton ohne Deckel, 6 rechteckige kleine Bauklötze, Wattebausch
Anzahl: ab 2 Kindern

Die Kinder stellen einen Schuhkarton hochkant so auf die Tischkante, dass seine Öffnung wie beim Kicker zur gegenüberliegenden Tischkante zeigt. Die Bauklötze platzieren sie auf dem Tisch verstreut als SpielerInnen des gegnerischen Teams, die verhindern, dass der Wattebausch ins Tor gelangt.
Die Kinder stellen sich mit dem Wattebausch der Reihe nach vor dem Tisch gegenüber dem Tor auf. Das erste Kind atmet kräftig ein und pustet den Wattebausch an den Bauklotz-SpielerInnen vorbei in Richtung Tor. Kann es kein Tor erzielen, nachdem es einmal auf den Wattebausch gepustet hat, kommt das nächste Kind an die Reihe, das den Wattebausch von dort aus ins Tor zu pusten versucht, wo er liegen geblieben ist. Wie viele Anläufe braucht die Gruppe, bis der Wattebausch das Tor trifft? Schaffen die Kinder es in der nächsten Runde mit weniger Versuchen?

Krepppapier-Kugelblüten

Alter: ab 5 Jahren
Material: DIN-A4-Blatt, Zirkel, Farbwürfel, Krepppapier-Reste in den Würfelfarben, Klebstoff, Augenwürfel, Wachsmalstifte
Anzahl: ab 2 Kindern

Vorbereitung
Die Spielleitung zeichnet einen Kreis mit ca. 12 cm Ø auf die obere Hälfte eines Papiers und kopiert ihn einmal für jedes Kind. Die Kinder reißen aus den Krepppapier-Resten viele Schnipsel und formen diese zu kleinen Kugeln.

Spielablauf
Die Kinder setzen sich mit ihrer Kopie um den Tisch, auf dem die Spielleitung die Krepppapier-Kugeln und den Klebstoff bereitlegt. Ein Kind würfelt mit beiden Würfeln gleichzeitig und nimmt sich entsprechend der Augenzahl und der Farbe die passende Menge an farbigen Krepppapier-Kugeln, also z. B. drei rote Kugeln, die es dicht aneinander genau auf die Kreislinie klebt.

Es übergibt die beiden Würfel dem Kind links neben sich, das das Spiel weiterführt. Wer zuerst zwölf Krepppapier-Kugeln auf seine Kreislinie geklebt hat, malt die Blüte farbig aus, einen Stängel mit Blättern darunter und erhält ein buntes Blumenbild zum Aufhängen oder Mit-nach-Hause-Nehmen!

Schnippen und zielen

Alter: ab 5 Jahren
Material: 1 farbiger Muggelstein und 1 Notizblatt pro Kind, Buntstifte in den Farben der Muggelsteine
Anzahl: ab 5 Kindern

Die Kinder legen ihre verschiedenfarbigen Muggelsteine verteilt auf den Tisch. Ein Kind schnippt seinen Stein mit den Fingern in Richtung eines anderen Steins. Trifft es den Stein, malt es einen Punkt in der gegnerischen Steinfarbe auf sein Notizblatt und legt seinen eigenen Stein an einer anderen Stelle auf den Tisch.

Das nächste Kind versucht sein Glück und schnippt seinen Stein ebenfalls zielgerichtet zu einem gegnerischen Stein. Trifft es nicht, bleibt sein Stein liegen und das nächste Kind ist an der Reihe.

Das Kind, das zuerst die Steinfarben aller MitspielerInnen auf seinen Zettel gezeichnet hat, gewinnt das Spiel.

Mäuserennen

Für dieses Spiel brauchen die Kinder eine sehr gute Puste und nicht zuletzt ein gutes Augenmaß, sodass Fein- und Mundmotorik gleichermaßen trainiert werden.

Alter: ab 5 Jahren
Material: Kreide, 1 Wattebausch pro Kind
Anzahl: ab 1 Kinderpaar

Die Spielleitung teilt für je zwei Kinder einen rechteckigen Tisch mit einem Kreidestrich in zwei gleich große Längshälften, sodass zwei parallele Bahnen für das Mäuserennen entstehen.
Zwei Kinder setzen oder stellen sich nebeneinander vor die beiden Bahnen, an deren Anfang sie ihre beiden Wattebäusche, die Mäuse, legen.
Erfolgt das Startzeichen durch die Spielleitung, atmen beide kräftig ein und möglichst doppelt so lange wieder aus. Dabei pusten sie ihre Wattebausch-Mäuse zur gegenüberliegenden Tischkante. Die Mäuse dürfen dabei weder auf den Boden fallen noch aus ihrer eigenen Bahn geraten. Die Maus, die so der gegenüberliegenden Tischkante am nächsten kommt, gewinnt das Mäuserennen!

Variante

Spielen mehrere Paare mit, treten die GewinnerInnen der ersten Runde in einer zweiten Runde gegeneinander an usw., bis der beste Puste-Mäuse-Spezialist feststeht!

Hammerschläge

Alter: ab 5 Jahren
Material: 1 dickes Holzstück und 1 Hammer pro Kind, viele Nägel, 2 Augenwürfel
Anzahl: ab 2 Kindern

Alle Kinder sitzen vor einem Holzstück und zählen ein Kind aus, das mit zwei Würfeln gleichzeitig würfelt. Alle Kinder schlagen der Reihe nach einen Nagel mit der gleichen Anzahl an Schlägen in ihr Stück Holz, wie der Würfel Augen anzeigt.
Das Würfelkind wählt eines der Kinder aus, dessen Nagel zumindest im Holz stecken bleibt, und gibt ihm die Würfel für eine neue Spielrunde. Schafft es niemand, dass sein Nagel feststeckt, würfelt das Ausgangskind noch einmal.

Schneit es überall?

Das folgende Pustespiel fördert die Lippen- und Mundmotorik – und bringt vielleicht sogar den ersehnten Schnee…

Alter: ab 5 Jahren
Material: 12 Landschafts-Postkarten, 1–2 Wattebäusche, Time Timer oder Eieruhr
Anzahl: ab 2 Kindern

Die Kinder verteilen die Postkarten auf einem großen Tisch. Die Spielleitung stellt den Wecker auf 5 Min. und ein Wattebausch wird an einer Tischkante als Schneeflocke bereitgelegt.
Ein Kind stellt sich vor die Watte-Schneeflocke, um diese gezielt auf eine Postkarte zu pusten. Bleibt die Schneeflocke genau auf einer Karte liegen, legt das Kind diese auf die Seite, den Wattebausch auf die leere Stelle und das nächste Kind setzt das Pustespiel auf die gleiche Art fort. Bleibt die Schneeflocke zwischen den Karten liegen, ist das nächste Kind dran und pustet die Flocke von dort aus auf eine Karte.
Das Spiel ist beendet, wenn alle Postkarten eingesammelt wurden oder die Zeit abgelaufen ist. Sollte also innerhalb von 5 Min. nicht überall Schnee gefallen sein, hilft nur eins: das Spiel von vorn beginnen!

Variante

Zwei bis drei Kinder spielen gegeneinander und holen sich jeweils einen Wattebausch. Sie pusten ihre Watte-Schneeflocken nacheinander gleichzeitig gezielt auf eine der Postkarten. Gelingt das einem Kind mit nur einem Atemzug, darf es die Postkarte behalten. Nach dem Pustevorgang startet es wieder mit seiner Flocke an der Tischkante. Am Ende zählen die Kinder ihre Karten – wer von ihnen hat die meisten?

Stapel-Haus

Alter: ab 5 Jahren
Material: 5 Bierdeckel pro Kind
Anzahl: ab 3 Kindern

Die Spielleitung übergibt den Kindern jeweils fünf Bierdeckel und stellt den Wecker auf 5 Min. Die Kinder bauen in der Tischmitte miteinander ein Stapel-Haus. Dabei können sie ihre Bierdeckel aufstellen und anbauen wie sie möchten, ohne dass das Haus oder ein Teil davon in sich zusammenfällt. Sollten ein oder mehrere Bierdeckel herunterfallen oder umkippen, fängt das Spiel von vorn an.
Schaffen es die Kinder innerhalb der vorgegebenen Zeit, alle Bierdeckel zu verbauen? Falls ja, können sie das Ganze noch einmal ausprobieren – mit einer Minute weniger Spielzeit.
Hinweis: Je mehr Kinder mitspielen, desto mehr Bierdeckel und Zeit brauchen die großen und kleinen BaumeisterInnen für ihre Aufgabe.

Farbenfrohe Fähnchen

Alter: ab 5 Jahren
Material: Farbwürfel, 6 Filzstücke in den Würfelfarben, Filzstift, Lineal, Scheren, dünnes, langes Seil, viele Wäscheklammern
Anzahl: ab 2 Kindern

Vorbereitung

Die Spielleitung zeichnet für jedes Kind auf den sechs Filzstücken jeweils ein gleichseitiges Dreieck (Seitenlänge 4 cm) auf.
Die Kinder schneiden ihre sechs Filz-Dreiecke aus und dazu ein ca. 30 cm langes Stück Seil ab.

Spielablauf

Die Dreiecke werden als Fähnchen neben den Wäscheklammern in der Tischmitte bereitgelegt und die Kinder setzen sich mit ihrem Seilstück um den Tisch herum.
Ein Kind, das die Farben des Würfels rasch benennen kann, beginnt das Spiel. Es würfelt und nimmt sich eine Dreieck-Fahne in der Würfel-Farbe, die es mit einer Wäscheklammer an seinem Seil befestigt. Das Kind links neben ihm würfelt als nächstes und wiederholt den Vorgang. Sollte in den folgenden Runden ein Kind keine Fahne mehr in der gesuchten Farbe finden können, ist das nächste Kind an der Reihe.
Sind alle Fahnen verbraucht, kontrollieren die Kinder, ob alle sorgfältig an ihrem Seil befestigt sind. Dazu nehmen immer zwei Kinder je ein Seilende und halten das Seil gespannt in die Luft. Für die Fahnen, die hängen bleiben, gibt es jeweils einen Punkt. Wer von den Kindern erhält die meisten Punkte?

Muschelbild & Sandskulptur

18 Spiele zur Förderung der Kreativität und Fantasie

Malen, Zeichnen und Gestalten stößt bei Kindern auf große Begeisterung. Stundenlang können sie am Tisch verweilen und in sich versunken ein Bild malen oder etwas aus Knetmasse formen. Zu all dem sind sie äußerst kreativ und fantasievoll im Umgang mit Sand und Wasser und beobachten gespannt, wie sich die Konsistenz von trockenem Sand durch die Zugabe von Wasser verändert. Damit Kinder nicht nur bei gutem Wetter im Sandkasten mit Sand und Wasser hantieren, auf Entdeckungsreise gehen und dabei wichtige Lernerfahrungen machen können, bieten sich besonders gut Sand- und Wassertische an.

In diesem Kapitel gibt es jede Menge interessante kreative Spielideen, die sich z. T. für diese speziellen Tische eignen. Manchmal genügt auch eine einfache große Plastikwanne, die auf den Tisch gestellt und mit Sand oder Wasser gefüllt werden kann. Für alle anderen Spiele ist ein einfacher Tisch mit einer leicht zu reinigenden Plastikdecke als Unterlage zum Malen, Zeichnen und Gestalten ausreichend. Ziel ist es, die Kreativität und Fantasie der Kinder auf vielfältige Weise zu fördern, die nicht zuletzt zur Lösung von Problemen im (Schul-)Alltag und später im Berufsleben gut gebraucht werden können.

Ein Bild legen

Alter: ab 5 Jahren
Material: 30 Muggelsteine pro Kind, Materialschale, Augenwürfel
Anzahl: ab 2 Kindern

Auf dem Tisch liegt die Materialschale mit sämtlichen Muggelsteinen bereit. Die Kinder überlegen miteinander, was sie aus diesen Steinen alles legen können. Sie sammeln Ideen und entscheiden sich für etwas Konkretes, z. B. für eine Riesenschlange, einen Baum, ein Dreieck …

Ein Kind würfelt und nimmt sich eine der Augenzahl entsprechende Menge an Muggelsteinen aus der Schale, um damit das Kunstwerk zu beginnen. Das Kind rechts neben ihm würfelt als nächstes und setzt das Bild fort.

Auf diese Weise wird das Spiel so lange weitergeführt, bis alle Steine auf dem Tisch zu dem vereinbarten Bild verarbeitet sind. Wenn die Kinder mögen, verschieben sie die Steine am Ende zu einem neuen Bild, bis alle damit zufrieden sind.

Vogel, Katze, Schmetterling?

Bei diesem Spiel werden die körperliche Ausdrucksfähigkeit und die Fantasie geschult und so wird ganz nebenbei das Sachwissen rund um Tiere vertieft und erweitert.

Alter: ab 4 Jahren
Material: 3 DIN-A5-Blätter pro Kind, Buntstifte
Anzahl: ab 4 Kindern

Vorbereitung
Alle Kinder zeichnen auf ihre Blätter jeweils ein Tier, z. B. eine Schnecke, einen Schmetterling, einen Vogel, eine Katze, einen Hund, einen Tausendfüßler …

Spielablauf
Die Kinder verteilen ihre Bilder so auf dem Tisch, dass alle Motive gut zu sehen sind. Sie überlegen der Reihe nach, welche Tiere auf den Bildern zu sehen sind, bis sie alle Tiere erkannt haben.

Ein Kind steht auf und sucht sich in Gedanken ein Tier aus, das es pantomimisch darstellt. Das Kind, das am schnellsten auf das gesuchte Bild zeigt und die richtige Antwort weiß, darf das Spiel mit einem neuen Tier wiederholen. Konnten alle Kinder wenigstens einmal ein Tier darstellen, ist das Spiel beendet.

Muscheln und Schnecken

Alter: ab 5 Jahren
Material: Sandtisch, 4–6 Muscheln und Schnecken, Entspannungsmusik (evtl. mit Meeresrauschen)
Anzahl: ab 2 Kindern

Die Kinder sitzen um den Sandtisch herum. Die Spielleitung schaltet die ruhige Musik ein und lässt ein paar Muscheln und Schnecken nacheinander um den Sandtisch herum von Hand zu Hand wandern.

Die Kinder schließen ihre Augen, um sich die Muscheln und Schnecken, die sie gerade in den Händen gehalten haben, in Gedanken noch einmal zu vergegenwärtigen: Wie haben sie ausgesehen, wie haben sie sich angefühlt, welche Teile waren glatt, welche rau, gerillt oder spiralförmig …?

Nach einer kurzen Pause bittet die Spielleitung die Kinder ihre Augen wieder zu öffnen und Muscheln und Schnecken mit den Fingern in den Sand zu malen. Dabei lassen sich die Kinder von der ruhigen Musik inspirieren.

Ist die Musik beendet, hören die Kinder allmählich mit Malen auf und betrachten das, was im Sand entstanden ist, ausgiebig von allen Seiten.

Ein Mandala im Sand

Mandalas können bereits von Vorschulkindern sehr kunstvoll gestaltet werden. Sie eignen sich hervorragend als Entspannungshilfe und fördern wie von selbst Fantasie und Kreativität.

Alter: ab 5 Jahren
Material: Sandtisch, kleine runde Glasschüssel, großes Mischsortiment mit Muscheln und Schnecken in verschiedenen Farben und Formen, Entspannungsmusik (ggf. mit Meeresrauschen, ca. 20 Min.)
Anzahl: ab 3 Kindern

Die Spielleitung platziert auf die Sandtischmitte eine kleine Schüssel mit Wasser, die das Meer symbolisiert. Sie zeichnet mit einem Finger vier Ringe mit ausreichend Platz zum Legen von Muscheln und Schnecken um die Schüssel herum, sodass eine Mandalaform entsteht.

Die Kinder setzen sich um den Sandtisch herum und lauschen der leisen Entspannungsmusik. Sie stellen sich vor, dass sie einen Strandspaziergang machen. Dazu erzählt die Spielleitung:

„Stell dir vor, du gehst auf dem weichen Sand spazieren. Die Sonne scheint angenehm warm auf dich herab und auf dem weichen Sandboden kannst du jede Menge schöne Muscheln und Schnecken entdecken. Du hebst die Schönsten auf und beschließt mit diesen ein Mandala auf dem weichen Sandboden zu legen. Obwohl das Mandala noch nicht fertig ist, kannst du es dir bereits gut vorstellen. (Kurze Pause)
Nun öffnest du deine Augen, reckst und streckst dich und fängst an, aus den Muscheln und Schnecken ein wunderschönes Mandala zu legen."

Daraufhin legt eines der Kinder z. B. eine Muschel auf den ersten Ring direkt neben der Schüssel. Das nächste Kind setzt den begonnenen Muschel-Ring mit einer zweiten Muschel in der gleichen Form fort usw. Ist der erste Muschel-Ring fertig, sucht sich das nächste Kind vielleicht eine Schnecke für den zweiten Ring aus, deren Form für das weitere Legen maßgebend ist.

Am Ende ist ein Mandala aus vier unterschiedlichen Muschel- und Schnecken-Ringen entstanden. Die Kinder bleiben vor ihrem Mandala sitzen und lassen es auf sich wirken. Dabei können sie ab und zu die Augen schließen und prüfen, ob sie das Mandala vor ihrem inneren Auge sehen, bis die Musik beendet ist.

Matschskulpturen

Alter: ab 6 Jahren
Material: Sandtisch ohne Sand, 1 großer Eimer mit Sand und Wasser pro Kind, Entspannungsmusik; evtl. Triangel
Anzahl: ab 2 Kindern

Die Kinder sitzen mit ihrem Eimer um den leeren Sandtisch herum. Inspiriert von der ruhigen Musik formen sie etwas aus Matsch. Dazu holen sie sich nach Bedarf etwas von dem Sand-Wasser-Gemisch aus ihrem Eimer, um damit einen Hügel, einen Klumpen, eine Fläche, eine Mauer, Linien, Spiralen, Kleckse, einen Baum, ein Haus, ein Tier oder einen Menschen etc. auf dem Tisch zu formen.

Ist die Musik beendet, gehen die Kinder um den Tisch herum und schauen sich die einzelnen Kunstwerke an. Fallen ihnen Namen zu den Bildern und Skulpturen ein? Und was meinen die Künstler-Kinder dazu?

Variante
Während die Kinder zur Musik gestalten, schlägt die Spielleitung einmal kurz die Triangel an. Daraufhin wechseln alle Kinder einen Platz nach links, um die Skulptur, die dort begonnen wurde, fortzusetzen. Erst wenn alle Kinder wieder auf ihrem Ausgangsplatz sitzen, schaut sich jedes Kind das, was gerade vor ihm steht, genau an und schildert seine Eindrücke.

Edelsteinhöhle

Die kleinen Zwerge wollen ihre äußerlich unscheinbare Edelsteinhöhle verschönern. Einen Stein nach dem anderen holen sie aus ihrer Höhle heraus und überlegen sich, wo sie diese am besten platzieren.

Alter: ab 4 Jahren
Material: Sandtisch, Wassereimer, jede Menge Edelsteine
Anzahl: ab 2 Kindern

Vorbereitung
Die Kinder bauen mit Sand und Wasser eine große Sandburg, in die sie mit den Händen einen Durchgang oder eine Höhle graben. Dort hinein legen sie jede Menge Edelsteine.

Spielablauf
Ein Kind holt sich einen Edelstein aus der Höhle und verziert damit die Burg nach eigenem Geschmack von außen. Das Kind links neben ihm holt sich ebenfalls einen Stein aus der Höhle und platziert ihn außen an einer anderen Stelle. Der Reihe nach verschönern die Kinder so ihre Burg.

Das Spiel ist beendet, wenn alle Edelsteine auf und vielleicht auch neben der Burg verteilt sind. Sicher freuen sich die Zwerge über ihre neue glitzernde Behausung!

Auf der Wasseroberfläche

Was passiert, wenn man einen Kieselstein senkrecht ins Wasser fallen lässt? Und wie sieht es aus, wenn mehrere gleichzeitig ins Wasser geworfen werden? Das meditative Betrachten erleichtert die Konzentration auf einen einzigen Sinneseindruck – eine gute Voraussetzung, um Raum für kreatives Denken zu schaffen.

Alter: ab 4 Jahren
Material: Wassertisch, 1 kleiner Kieselstein und 1 hellblaues DIN-A3-Tonpapier pro Kind, Triangel, Bleistifte
Anzahl: ab 3 Kindern

Alle Kinder stellen sich mit einem Kieselstein um den Wassertisch herum.
Die Spielleitung deutet auf ein Kind und lässt kurz die Triangel erklingen. Ist der Ton verklungen, wirft das Kind seinen Kieselstein senkrecht in das Wasser. Dabei bildet sich ein immer größer werdender Ring auf der Wasseroberfläche.
Sobald kein Ring mehr zu erkennen ist, schlägt die Spielleitung erneut die Triangel an und das Kind links neben dem Ausgangskind wirft ebenfalls seinen Stein senkrecht ins Wasser, wenn es keinen Ton mehr hört.
Sind alle Kinder einmal an der Reihe gewesen, fischen sie ihre Steine wieder heraus. Ist das Wasser ruhig, schlägt die Spielleitung die Triangel kräftig an. Nun werfen die Kinder ihre Steine alle gleichzeitig ins Wasser und beobachten die vielen Ringe auf der Oberfläche, die sich z. T. überschneiden.
Zum Schluss nimmt sich jedes Kind ein blaues Tonpapier, das die Wasseroberfläche darstellt. Es legt seinen Kieselstein in die Mitte des Papiers und zeichnet darum herum die Ringe, die beim Eintauchen des Steins ins Wasser entstanden sind.

Muster, Linien, Wellen

Alter: ab 5 Jahren
Material: 1 weißes DIN-A2-Blatt pro Kind, Klebestreifen, Buntstifte, Entspannungsmusik
Anzahl: ab 3 Kindern

Die Kinder sitzen so nah nebeneinander in einer Tischreihe, dass zwischen den großen Papierbögen kein Freiraum bleibt. Die Blätter werden mit Klebestreifen am Tisch befestigt.
Die Spielleitung schaltet die Entspannungsmusik ein, zu deren Rhythmus die Kinder von ihrem Blatt aus beginnend z. B. Muster oder Linien zeichnen, die sie auch auf den Blättern der anderen Kinder weiterführen dürfen. Während dieser Malaktion sollte nach Möglichkeit nicht miteinander gesprochen werden.
Erst wenn die Musik beendet ist, legen die Kinder ihre Stifte zur Seite und betrachten ihr gemeinsames Kunstwerk, bei dem es bestimmt vieles zu entdecken gibt. Am Ende entfernen die Kinder die Klebestreifen wieder, sodass sie ihr eigenes Bild zur Erinnerung an die gemeinschaftliche Malaktion mit nach Hause nehmen können.

Vorher-nachher-Kunst

Alter: ab 4 Jahren
Material: Sandtisch, Wassereimer, Naturmaterialien (Muscheln, Körner, getrocknete Früchte, Steine, Zweige, Blätter etc.)
Anzahl: ab 3 Kindern

Vorbereitung

Die Kinder gestalten eine Landschaft aus Sand und anderen Naturmaterialien, indem sie mit Sand und Wasser z. B. Sandburgen und -hügel bauen, Zweige in den feuchten Sand stecken oder einfach nur Muscheln, getrocknete Früchte und andere Dinge in Linien, Reihen, Kreisen, Wellen oder vereinzelt platzieren.

Spielablauf

Die Kinder schauen sich ihre gestaltete Landschaft in aller Ruhe an.
Ein Kind würfelt und nimmt sich eine der Augenzahl entsprechende Menge an Naturmaterialien von der Landschaft, um diese auf einer anderen Stelle im Sand zu platzieren. Das nächste Kind setzt das Spiel auf die gleiche Art fort.
Waren alle Kinder einmal an der Reihe, ist das Kunstwerk fertig. Wer weiß noch, wie die Landschaft vorher ausgesehen hat? Und welches Bild gefällt den Kindern besser?

Legen nach Musik

Dieses Spiel verläuft so ähnlich wie das bekannte Malen nach Musik. Allerdings werden hier anstelle von Farben Naturmaterialien verwendet.

Alter: ab 5 Jahren
Material: Sandtisch, jede Menge kleine Naturmaterialien (z. B. Kieselsteine, Federn, Tannennadeln, Gräser, Muscheln etc.), kurze Entspannungsmusik (evtl. mit Vogelgezwitscher, ca. 5 Min.)
Anzahl: ab 4 Kindern

Die Kinder legen die Naturmaterialien auf einem Tisch direkt neben dem Sandtisch bereit.

Alle schließen die Augen und hören der ruhigen Musik zu, die leise im Hintergrund erklingt. Dadurch inspiriert stellen sich die Kinder eine schöne Landschaft vor, z. B. mit Bäumen, Gräsern, Blumen und Vögeln, die die Spielleitung in den schönsten Farben beschreibt. Ist die Musik beendet, öffnen alle Kinder ihre Augen und recken und strecken sich.

Während die Spielleitung die Musik noch einmal laufen lässt, legen die Kinder ein großes Landschaftsbild aus Naturmaterialien auf den Sand, ohne dabei zu sprechen. Wer möchte, tauscht hin und wieder seinen Platz mit einem anderen Kind.

Ist die Musik beendet, kommen alle allmählich zum Schluss und nutzen die Gelegenheit, sich das, was sie und andere gestaltet haben, etwas genauer anzuschauen.

Ton-Skulptur

Alter: ab 5 Jahren
Material: 1 kg Ton für je 4 Kinder, blickdichtes großes Tuch, Triangel
Anzahl: ab 4 Kindern

Die Spielleitung legt einen großen Klumpen Ton in die Tischmitte, den sie mit einem blickdichten Tuch verdeckt.

Die Kinder sitzen um den Tisch herum, sodass sie mit beiden Händen bequem unter das Tuch greifen können. Von ihrem Platz aus beginnen sie miteinander eine große gemeinsame Skulptur zu formen.

Lässt die Spielleitung die Triangel erklingen, rutschen alle Kinder einen Platz weiter nach links, um das, was ein anderes Kind dort angefangen hat, weiterzuführen. Das geht so lange, bis erneut die Triangel zu hören ist. Auf diese Weise wird das Spiel immer weitergeführt, bis alle Kinder wieder auf ihrem Ausgangsplatz sitzen.

Die Spielleitung entfernt das Tuch und alle blicken auf das fertige Kunstwerk. Die Kinder sagen nacheinander, was sie sehen und wie die Skulptur heißen soll. Sie einigen sich auf einen Namen und suchen sich einen Platz im Raum aus, an dem sie ihr Kunstwerk nach dem Trocknen jederzeit bewundern können.

Hinweis: Wer keinen Brennofen hat, verwendet lufttrocknenden Ton, der über Nacht steinhart wird.

Farben-Zauberkünstler

Alter: ab 4 Jahren
Material: 1 DIN-A3-Blatt und 1 Haarpinsel pro Kind, gelbe, rote und blaue Wasserfarben, Wasserbecher
Anzahl: ab 2 Kindern

Die Kinder setzen sich mit ihren Pinseln vor einen Bogen Papier. Die Farben und Wasserbecher stehen in der Tischmitte bereit. Die Kinder spielen Farben-Zauberkünstler und murmeln folgenden Zauberspruch:
„Farben, Farben, misch, misch, misch, schaut nun auf den Tisch, Tisch, Tisch!"

Die Kinder tragen mit dem Pinsel etwas Farbe auf ihrem Papier auf und malen darüber mit einer zweiten Farbe, sodass eine Mischfarbe entsteht. Danach mischen sie zwei weitere Grundfarben miteinander usw. Auf diese Weise wird die Malaktion immer weitergeführt, bis keine weiße Stelle mehr auf den Papieren zu sehen ist.

Am Ende stellen alle Farben-Zauberkünstler ihre Bilder vor und sind gespannt, welche Mischfarben bei den anderen zu entdecken sind.

Wasser-Berührungen

Alter: ab 4 Jahren
Material: Wassertisch
Anzahl: ab 3 Kindern

Die Kinder erhalten die Aufgabe, mit ihren Händen das Wasser auf unterschiedliche Weise zu berühren. Dabei darf immer ein Kind eine Wasser-Berührung vorgeben, die die anderen so lange nachahmen, bis das erste Kind ein anderes Kind bittet, etwas Neues vorzumachen, z. B.:

- mit der flachen Hand auf die Wasseroberfläche patschen
- mit der Hand Wasser schöpfen
- mit dem Zeigerfinger das Wasser umrühren
- mit der Handfläche über die Wasseroberfläche streichen
- mit der Hand das Wasser hin und her bewegen …

Erst wenn sich die Ideen der Kinder wiederholen, ist das Spiel beendet.

Farbenprächtige Blumenwiese

Alter: ab 5 Jahren
Material: kleine bunte Krepppapierreste, Klebstoff, Wachsmalstifte, 1 grünes DIN-A3-Tonpapier pro Kind, Augenwürfel, Klebestreifen
Anzahl: ab 3 Kindern

Die Krepppapierreste werden mit dem Klebstoff und den Wachsmalstiften in der Tischmitte bereitgelegt und jedes Kind erhält ein grünes Tonpapier.
Das Kind, das zuerst eine Blumenart nennen kann, beginnt das Spiel und würfelt. Entsprechend der Augenzahl nimmt es sich die passende Menge an Krepppapierresten und knüllt diese zu mehreren Fantasieblüten zusammen, die es auf sein Papier, die grüne Wiese, klebt. Das Kind links neben ihm setzt das Spiel auf die gleiche Art fort. Sobald alle Kinder wenigstens sechs Fantasieblüten auf ihrer Wiese verteilt haben, ist das Würfelspiel beendet.
Alle Kinder ergänzen ihre Bilder, indem sie unter ihren Blüten lange Stängel mit Blättern hinzufügen. Zudem können sie kleine Käfer und Schmetterling, aber auch Grashalme, Sträucher und vieles mehr dazu malen.
Am Schluss betrachten sie gegenseitig ihre Kunstwerke, die sie mit Klebestreifen von hinten bündig zu einem riesigen Blumenbild zusammenkleben können.

Knetkugel-Motive

Alter: ab 4 Jahren
Material: DIN-A3-Papier, Bleistift, bunte Knetmasse, Augenwürfel
Anzahl: ab 4 Kindern

Vorbereitung
Die Spielleitung zeichnet ein einfaches Motiv auf ein großes Blatt Papier, z. B. den Umriss eines Schmetterlings, eines Herzens oder eines Bonbons.

Spielablauf
Die Knetmasse wird neben dem Bild in der Tischmitte bereitgelegt. Die Kinder überlegen gemeinsam, ob sie Teile des Motivs in derselben Farbe auslegen wollen oder nicht. So kann z. B. ein Schmetterlingskörper komplett in Braun, ein Schmetterlingsflügel ganz in Gelb mit wenigen blauen Kugel-Tupfern und der andere Flügel ganz in Blau mit wenigen gelben Kugel-Tupfern ausgelegt werden. Ein aufgezeichnetes Bonbon erhält z. B. lauter rote Kugeln als Umriss und wird mit allen Farben außer Rot gefüllt usw. Die Spielleitung greift Ideen der Kinder auf, gibt ggf. selbst Anregungen und die Kinder beratschlagen miteinander. Danach verläuft das Spiel folgendermaßen:
Ein Kind würfelt und bricht sich eine der Augenzahl entsprechende Menge an verschiedenfarbigen oder einfarbigen Knetmasse-Stücken ab. Daraus formt es kleine Kugeln, die es in das Motiv legt. Sein linkes Nachbarkind würfelt als nächstes und führt das Spiel auf die gleiche Art fort.
Ist das Motiv mit lauter Knetkugeln in den vereinbarten Farben ausgefüllt, nehmen alle Kinder ihr gemeinsames Kunstwerk in Augenschein. Wie gefällt allen das Kunstwerk? Wollen sie noch etwas daran verändern?

Variante für ältere Kinder
Die Kinder gestalten ihr Motiv selbst, indem sie sich auf eine Form einigen und sie aufzeichnen. Jedes Kind überlegt für sich, welche Ideen es zur farbigen Ausgestaltung hat, behält diese aber für sich. Während des Würfelspiels gestalten die Kinder ihr Motiv gemeinsam aus, ohne miteinander zu sprechen! Wer mit dem Würfeln beginnt, bringt eine Idee ein, die von anderen durch das weitere Legen aufgegriffen, fortgesetzt oder verändert wird. Jeder kann auch an einer anderen Stelle des Motivs neu beginnen und eine andere Farbe oder ein Muster vorgeben. Entwickelt sich nach und nach eine gemeinsame Gestaltungs-Idee?

Schnecken-Muschel-Collage

Alter: ab 5 Jahren
Material: Sandtisch, Grashalme, viele unterschiedliche Muscheln und Schneckenhäuser
Anzahl: ab 3 Kindern

Vorbereitung
Die Spielleitung teilt die Sandfläche mithilfe der Grashalme in verschieden große Felder auf, sodass größere rechteckige, aber auch schmale Felder mit geschwungenen, geraden oder gezackten Feldbegrenzungen entstehen.

Spielablauf
Die Muscheln und Schneckenhäuser werden neben dem Sandtisch bereitgelegt.

Ein Kind wählt z. B. eine kleine, bräunliche Muschel aus und legt diese in ein freies Feld. Das nächste Kind wählt z. B. ein großes, helles Schneckenhaus aus und legt dieses in ein neues Feld oder es sucht nach einer Muschel, die der im ersten Feld in Form, Größe und Farbe ähnelt, und legt diese in dasselbe Feld. Das nächste Kind entscheidet wiederum, ob es ein neues Feld beginnen möchte, z. B. mit einer großen gelben Muschel, oder ob es ein schon begonnenes Feld mit einem ähnlichen Material fortsetzen will.

Die Kinder gehen mit den eingeteilten Feldern bei Bedarf flexibel um: Brauchen sie ein weiteres Feld, weil eine bestimmte Art von Naturmaterialien noch keinen eigenen Platz hat, unterteilen sie z. B. mit einem zusätzlichen Grashalm ein größeres Feld in zwei kleinere. Gibt es zu viele Felder, belegen sie z. B. zwei Felder mit derselben Materialart. Das Spiel wird so lange fortgeführt, bis alle Naturmaterialien verteilt wurden und somit eine wunderschöne Collage aus Muscheln und Schneckenhäusern entstanden ist.

Fantastische Meeresbewohner

Alter: ab 5 Jahren
Material: Wassertisch, Aquasoft-Knetmasse, Entspannungsmusik mit Meeresrauschen
Anzahl: ab 3 Kindern

Die Spielleitung legt die Knetmasse neben dem Wassertisch bereit und schaltet die Entspannungsmusik ein.
Inspiriert von der Wassermusik formen die Kinder z. B. Seesterne, Muscheln, Seeigel, Krebse, Aale, Kraken, Haie oder Fantasie-Meeresbewohner. Ist die Musik beendet, kommen sie allmählich zum Schluss und betrachten gemeinsam, was sie gestaltet haben. Jedes Kind versucht zu erraten, was die anderen geformt haben.
Alle Kinder legen ihre Meeresbewohner nacheinander auf die Wasseroberfläche. Die Spielleitung bewegt das Wasser sanft mit der flachen Hand hin und her, sodass leichte Wellenbewegungen entstehen. Die Kinder gehen dabei langsam um den Wassertisch herum und betrachten ihre Meerwesen, die nun in Bewegung sind.

SandmalerInnen

Alter: ab 5 Jahren
Material: Sandtisch, Blumenspritze, großes Nudelholz, Notizblock, Bleistift, kurzer dicker Stock
Anzahl: ab 3 Kindern

Vorbereitung
Die Kinder spritzen etwas Wasser auf die Sandoberfläche und rollen diese mit einem Nudelholz glatt.
Die Spielleitung zeichnet auf mehrere Notizblätter verschiedene einfache Formen, z. B. ein Dreieck, ein Haus oder eine Blüte.

Spielablauf
Alle Kinder stellen sich um den Sandtisch herum und schließen ihre Augen. Die Spielleitung tippt einem Kind auf die Schulter, damit es die Augen öffnet, und zeigt ihm eines der Motive. Das Kind nimmt den Stock und beginnt das Motiv damit in den Sand zu ritzen. Alle übrigen Kinder öffnen auf ein Signal der Spielleitung ihre Augen und versuchen zu erraten, was das Kind zeichnet.
Wer am schnellsten die richtige Antwort weiß, darf den Sand nass spritzen und mit dem Nudelholz für eine neue Spielrunde glatt walzen.

Anhang
Register

A wie Affe	26
A, e, i, o, u: Hör genau mir zu!	22
ABC-Wettlauf	25
Anlaut-Paare	21
Äpfel pflücken	38
Auf den Tisch und los!	44
Auf der Baustelle	28
Auf der Wasseroberfläche	83
Auf die Hände, fertig, los!	6
Bauen, aber wie?	14
Bilder-Rhythmus	57
Bunter Formensalat	42
Der Rechenweg	34
Der Regenschauer	45
Detektiv Blitzmerker	7
Detektive auf Reimsuche	19
Die Kuh ist weg!	8
Die Reise nach Tischlingen	46
Dreieck, Rechteck, Kreis, Quadrat	40
Edelsteinhöhle	82
Ein Bild legen	80
Ein Mandala im Sand	81
Erkennst du den Klang?	58
Fantastische Meeresbewohner	90
Farbenfrohe Fähnchen	78
Farbenfrohes Schneckenhaus	72
Farben-Kreisel	39
Farben-Musik-Stopp	62
Farbenprächtige Blumenwiese	87
Farben-Sauger	68
Farben-Zauberkünstler	86
Frachtschiff beladen	50
Früchtespieß	72
Fuchs im Bau	50
Fühl-Schachtel	11
Geschichten erzählen	24
Hammerschläge	77
Hilfe, ein Pirat!	47
Ich rieche was, das ihr nicht riecht …	16
Indianer-Federn	37
Kästchen zählen	30
Kennst du das Tiergeräusch?	9
Klanglauscher	64
Kletter-Leiter	73
Knetkugel-Motive	88
Kommissare, aufgepasst!	48
Körpergeräusch-Silbenlotto	55
Krepppapier-Kugelblüten	75
Legen nach Musik	85
Matschskulpturen	82
Maulwurfrennen	44
Mäuserennen	76
Messer, Gabel, Löffel	20
Muscheln und Schnecken	81
Musik-Quiz	62
Muster, Linien, Wellen	83

Naturschätze ertasten	13		**V**erflixter Formenlauf	41
Notenpuzzle	67		Vogel, Katze, Schmetterling?	80
Notenspiel	65		Von Löffel zu Löffel	70
			Vorgänger und Nachfolger	34
Papierschnipsel-Fresser	37		Vorher-nachher-Kunst	84
Perlen auffädeln	71			
			Was duftet und schmeckt?	15
Raupenlauf zum Apfelbaum	51		Was fällt dir dazu ein?	24
Rechenpaare, aufgepasst!	35		Was knistert denn da?	9
Rhythmus-Karten	64		Was reimt sich auf …?	19
			Was trinkst du denn?	15
SandmalerInnen	90		Wasser-Berührungen	87
Schnecken-Muschel-Collage	88		Weißt du, was gemeint ist?	12
Schneide-Formen	74		Welches Wort fängt so an?	27
Schneit es überall?	77		Wellen, Schleifen & Co.	70
Schnippen und zielen	75		Wer fliegt hoch?	8
Silben-KönigIn	23		Wer gelangt zur Sonne?	35
Stapel-Haus	78		Wer grunzt denn da?	18
Süß oder sauer?	14		Wer kennt die Person?	18
			Wer löffelt die Suppe aus?	27
Tischbein schnappen	48		Wer trommelt vor?	65
Tischbein-Bändertanz	61		Wer weiß den Oberbegriff?	20
Tisch-Fangen	45		Wetter-Experte	60
Tischlein, wechsle dich!	47		Wetter-Klanggeschichte	58
Tisch-Parcours	49		Wie viele Instrumente spielen?	60
Tisch-Rollball	52		Wie viele Silben kannst du zählen?	22
Tisch-Staffellauf	53		Wimmelbilder-Sätze	23
Tonleiter-Spiel	67		Wo bin ich?	8
Ton-Skulptur	85		Wo ist der Esel?	11
Tore pusten	74		Wörter legen	26
Trommel-Regen	51			
Turmbau	69		**Z**ahlen in der Reihe	33
			Zahlen und Mengen	31
Unter dem Tisch	52		Zahlen-Zauberer	33
			Zum Rhythmus der Musik	61
			Zwillings-Wurf	31

Literatur

Weitere Bücher von Andrea Erkert im Ökotopia Verlag:

- **Inseln der Entspannung.** Kinder kommen zur Ruhe mit 77 phantasievollen Entspannungsspielen. (1998)
  ISBN 978-3-931902-18-6
- **Das Stuhlkreisspiele-Buch.** Bewegte und ruhige Spielideen zu jeder Zeit und zwischendurch. (2003)
  ISBN 978-3-936286-26-7
- **Naschkatze & Suppenkasper.** Mit Spiel und Spaß essen und trinken – vielfältige Aktionen rund um das Thema Ernährung für Kita, Hort und Grundschule. (2005) ISBN 978-3-936286-60-1
- **Feste feiern & gestalten rund um die Jahresuhr.** (Mitautorin: Heidi Lindner.) Mit zahlreichen Spielaktionen, Dekorationen, Rezepten und Planungshilfen für das nächste Fest rund um Hits von Rolf Zuckowski. (2005)
  ISBN 978-3-936286-68-7
  Dazu der **Tonträger** von Rolf Zuckowski: Feste feiern rund um die Jahresuhr. Mit 16 Gute Laune Liedern für alle Jahreszeiten. ISBN 978-3-936286-69-4
- **Das Kreisspiele-Buch.** Temporeiche und ruhige Spielideen für alle Gelegenheiten. (2007) ISBN 978-3-86702-033-6
- **Das Zahlenspiele-Buch.** Spiele und Lieder rund um die ersten Zahlen, Formen, Größen, Gewichte, Mengen, Uhr- und Jahreszeiten. (2008)
  ISBN 978-3-86702-054-1
  Dazu der **Tonträger** von Stephen Janetzko: Zahlenspiel-Lieder. Schwungvolle Zähl- und Rechenlieder zur mathematischen Frühförderung für Kinder von 4–8 Jahren. ISBN 978-3-86702-055-8
- **Das Adventsspiele-Buch.** Die weihnachtliche Zeit spielerisch begleiten. (2008)
  ISBN 978-3-86702-060-2
- **Kinderleichte Ruheerlebnisse.** Mit Ruhespielen, Fantasiereisen, Mandalas und Streichelmassagen entspannen und innere Stille finden. (2009)
  ISBN 978-3-86702-082-4
  Dazu der **Tonträger** von Martin Buntrock: Kinderleichte Ruheerlebnisse. Entspannungsmusik zum Stillwerden, Träumen, Fantasieren und Einschlafen.
  ISBN 978-3-86702-083-1
- **Streiten – helfen – Freunde sein.** Spiele, Lieder und anregende Angebote zur Förderung von Toleranz, emotionaler und sozialer Kompetenz in Kindergarten und Grundschule. (2009) ISBN 978-3-86702-095-4
  Dazu der **Tonträger** von Heiner Rusche: Gewalt ist blöd! Rockige Lieder für mehr Toleranz und Miteinander.
  ISBN 978-3-86702-096-1
- **Alle Straßenschilder hüpfen fröhlich in die Höh'.** Spiele, Lieder und Aktionen zur Förderung von Wahrnehmungs-, Koordinations- und Reaktionsfähigkeit rund um Lieder von Volker Rosin. (2010)
  ISBN 978-3-86702-125-8
  Dazu der **Tonträger** von Volker Rosin: Alle Straßenschilder hüpfen fröhlich in die Höh'. Sicher im Straßenverkehr mit lebendigen und fantasievollen Liedern.
  ISBN 978-3-86702-126-5

Die Autorin

Andrea Erkert ist Erzieherin, Entspannungspädagogin und Fachlehrerin einer Grundschulförderklasse in der Nähe von Stuttgart. Seit mehreren Jahren bietet sie praxisnahe Fortbildungen für ErzieherInnen und LehrerInnen im In- und Ausland an, u. a. zu den Themen Entspannung, Bewegung, Kreis- und Tischspiele. Zudem steht sie als Referentin für Elternabende in Kitas und Schulen zur Verfügung.

Anfragen für ganz- oder halbtägige Seminarveranstaltungen und Elternabende:
Andrea Erkert
Seelacher Weg 79
71522 Backnang
Deutschland
oder
817 Columbus Ave
Lehigh Acres, FL 33972
Florida, USA
Tel.: (0 71 91) 90 83 57
Fax: (0 71 91) 90 83 59
andrea.erkert_forida-sun@t-online.de

Die Illustratorin

Simone Pahl, Jahrgang '68, studierte zunächst Architektur in Berlin. Bereits während ihrer Tätigkeit als Architektin wurden zahlreiche Illustrationen von ihr veröffentlicht. 2004 beschloss sie, ihre Leidenschaft zum Beruf zu machen. Seitdem sorgt sie als freie Illustratorin für eine anspruchsvolle Bebilderung von Unterrichtsmaterialien, Lernspielen und Kinder- und Jugendbüchern verschiedener Verlage. Ihr Ziel ist es, durch einen einfühlsamen und lebendigen Zeichenstil die Inhalte von Texten eindrucksvoll zu vermitteln. Sie ist Mitglied der „Illustratoren Organisation e. V.". Weitere Informationen unter **www.simonepahl.de**

Der Fachverlag für gruppen- und spielpädagogische Materialien

Ökotopia Verlag und Versand

Fordern Sie unser
kostenloses Programm an:

Ökotopia Verlag
Hafenweg 26a · D-48155 Münster
Tel.: (02 51) 48 19 80 · Fax: 4 81 98 29
E-Mail: info@oekotopia-verlag.de

Besuchen Sie
unsere Homepage!
Genießen Sie
dort unsere Hörproben!

http://www.oekotopia-verlag.de
und www.weltmusik-fuer-kinder.de

Gertraud Mayrhofer
Kinder tanzen aus der Reihe
Von Herbstdüften, Frühlingsklängen und Sommerträumen – ein Jahr voller Begegnungen, Berührungen, Bewegung und Tanz

ISBN (Buch inkl. CD) 978-3-936286-45-8

V. Sommerfeld, B. Huber, H. Nicolai
Toben, Raufen, Kräfte messen
Ideen, Konzepte und viele Spiele zum Umgang mit Aggressionen

ISBN 978-3-931902-41-4

Johanna Friedl
Das Ballspiele-Buch
Rollen, werfen, fangen, zielen - Ballspiele mit Kindern für alle Gelegenheiten

ISBN 978-3-936286-63-2

Wolfgang Hering
AQUAKA DELLA OMA
88 alte und neue Klatsch- und Klanggeschichten mit Musik und vielen Spielideen

ISBN (Buch) 978-3-931902-30-8
ISBN (CD) 978-3-931902-31-5

Volker Friebel, Marianne Kunz
Rhythmus, Klang und Reim
Lebendige Sprachförderung mit Liedern, Reimen und Spielen in Kindergarten, Grundschule und Elternhaus

ISBN (Buch) 978-3-936286-61-8
ISBN (CD) 978-3-936286-62-5

Sabine Hirler
Kinder brauchen Musik, Spiel und Tanz
Bewegt-musikalische Spiele, Lieder und Spielgeschichten für kleine und große Kinder

ISBN (Buch) 978-3-931902-28-5
ISBN (CD) 978-3-931902-29-2

Andrea Erkert
Das Stuhlkreisspiele-Buch
Bewegte und ruhige Spielideen zu jeder Zeit und zwischendurch

ISBN 978-3-936286-26-7

Birgit Kasprik
Wi-Wa-Wunderkiste
Mit dem Rollreifen auf den Krabbelberg - Spiel- und Bewegungsanimation für Kinder ab einem Jahr

ISBN 978-3-925169-85-4

Wolfgang Hering
Kunterbunte Bewegungshits
88 Lieder, Verse, Geschichten, leichte Hip-Hop-Stücke und viele Spielideen zum Mitmachen für Kids im Vor- und Grundschulalter

ISBN (Buch) 978-3-931902-90-2
ISBN (CD) 978-3-931902-91-9
ISBN (Playback-CD) 978-3-931902-95-7

Constanze Grüger
Bewegungsspiele für eine gesunde Entwicklung
Psychomotorische Aktivitäten für Drinnen und Draußen zur Förderung kindlicher Fähigkeiten

ISBN 978-3-936286-00-7

Bettina Ried
Eltern-Turnen mit den Kleinsten
Anleitungen und Anregungen zur Bewegungsförderung von Kindern von 1-4 Jahren

ISBN 978-3-925169-89-2

Monika Schneider
Gymnastik-Spaß für Rücken und Füße
Gymnastikgeschichten und Spiele mit Musik für Kinder ab 5 Jahren

ISBN (Buch inkl. CD) 978-3-931902-03-2

Der Fachverlag für gruppen- und spielpädagogische Materialien

Ökotopia Verlag und Versand

Bewegungsspiele, kooperative Spiele, Spiele in Gruppen, Lernspiele, Brettspiele

Fordern Sie unser kostenloses Programm an:

Ökotopia Verlag
Hafenweg 26a · D-48155 Münster
Tel.: (02 51) 48 19 80 · Fax: 4 81 98 29
E-Mail: info@oekotopia-verlag.de

Besuchen Sie unsere Homepage! Genießen Sie dort unsere Hörproben!

http://www.oekotopia-verlag.de
und www.weltmusik-fuer-kinder.de

Monika Krumbach
Das Sprachspiele-Buch
Kreative Aktivitäten rund um Wortschatz, Aussprache, Hörverständnis und Ausdrucksfähigkeit

ISBN: 978-3-936286-44-1

Sybille Günther
Hereinspaziert – Manege frei!
Kinder spielen Zirkus

ISBN (Buch): 978-3-936286-46-5
ISBN (CD): 978-3-936286-47-2

Johnny Lamprecht
Trommelzauber
Kinder lernen Trommeln und erleben Afrika mit Liedern, Rhythmen, Tänzen, Geschichten und Spielen

ISBN (Buch): 978-3-936286-86-1
ISBN (Doppel-CD): 978-3-936286-87-8

Sybille Günther
Bei Zwergen, Elfen und Trollen
Fantastische Spiele, Gestaltungsideen, Lieder und Geschichten aus zauberhaften Welten

ISBN (Buch): 978-3-936286-22-9
ISBN (CD): 978-3-936286-23-6

Sybille Günther
Feuerwerk & Funkentanz
Zündende Ideen: Spiele, Lieder und Tänze, Experimente, Geschichten und Bräuche rund ums Thema Feuer

ISBN (Buch): 978-3-931902-85-8
ISBN (CD): 978-3-631902-86-5

Mathilda F. Hohberger, Jule Ehlers-Juhle
Luftmusik & Feuerfarbe
Die vier Elemente für alle Sinne: spielen, gestalten, singen, tanzen und lebendig sein

ISBN (Buch) 978-3-86702-56-5
ISBN (CD) 978-3-86702-057-2

Marion Schütz, Sybille Günther
Geologie zum Anfassen für Kinder
Steine finden, erforschen, sammeln – die Geschichte der Erde in vielen Spielen und Aktionen

ISBN 978-3-86702-078-7

M. Kalff, B. Laux
Sonne, Mond und Sternenkinder
Mit der Mondmaus in Spielen, Liedern und Geschichten die Phänomene des Himmels erforschen

ISBN (Buch): 978-3-931902-71-1
ISBN (CD): 978-3-931902-72-8

PiT Brüssel
Professor Kleinsteins Experimentier-Werkstatt für Kinder
Verblüffende Alltagsphänomene erforschen, bestaunen, begreifen in Kindergarten, Grundschule und zu Hause

ISBN 978-3-936286-88-5

Sybille Günther
Großes Einmaleins für kleine Zauberer und Hexen
Mit zauberhaften Spielen, Geschichten, Rezepten und Tricks die magische Welt der Zauberei und Hexerei erleben

ISBN: 978-3-936286-38-0

Gisela Walter
Das Buch von der Zeit
Kinder erleben und lernen spielerisch alles über die Zeit

ISBN: 978-3-936286-59-5

Conny Frühauf, Christine Werner
Hört mal, was da klingt!
Spielerische Aktionen mit Geräuschen, Klängen, Stimme und Musik zur Förderung des Hörsinns

ISBN (Buch inkl. CD): 978-3-86702-005-3